ねぇ、お坊さん教えてよ

死んだら
どうなるの？

浄土真宗本願寺派総合研究所
岡崎秀麿・冨島信海

はじめに ── 本書に込めた願い ──

浄土真宗本願寺派総合研究所
所長　丘山　願海

　浄土真宗本願寺派総合研究所では、平成23 (2011) 年より葬送儀礼研究を開始した。現在は、宗派が掲げる「宗務の基本方針及び具体策」において掲げられている「「念仏者の生き方」に学び、行動する」という基本方針に従い、「宗教的感動を共有できる法要や葬送儀礼を確立し、普及を図る」という事業を立ち上げ、研究活動に取り組んでいる。

　なぜ葬送儀礼研究が必要なのかについて、浄土真宗本願寺派総合研究所ブックレットNo.22　教学シンポジウム記録・親鸞聖人の世界 (第5回)『現代における宗教の役割―葬儀の向こうにあるもの―』(本願寺出版社、2012) から2つの言葉を引用することで答えたい。

　　近年、書籍・雑誌を中心として「葬儀」をめぐる議論が活発になっています。現在では葬儀に対する意識が大きく変わり、葬儀の規模や形式をはじめ、葬儀そのものの要・不要さえも問題とされるようになってきました。　　　　　　　　　　　　　　　　　　　　　　　　　　（3頁）

　　人びとの要請を受けて葬儀を執り行ってきた僧侶は、今では全く反対に、人びとから「何故、葬儀に僧侶が必要なのか?」という問いを向けられているのです。こうした現状において、僧侶が今後も葬儀における一定の役割を担おうとするならば、人びとから発せられている問いに、明確かつ納得のいく応答をしていく必要があるように思います。　　（169頁）

　養老孟司氏が「人間の致死率は100パーセント」(『死の壁』新潮社、2004) と述べたように、人はいつか死ななければならない。そして、人が死ねば誰もが「葬られてきた」。

　葬儀は、故人にとっても遺族にとっても、それぞれ、人間が人間である

ことの証し。　　　　　（『宗報』2010年６月号巻頭言、満井秀城著）

だったはずである。しかしながら、人口減少、超高齢社会といった人口動
態の変化と人びとの生活スタイルの変化、「多死社会」とも評される「死」の
急激な増加と「死」の変容などが原因となり、人びとの価値観・死生観は
大きく変わってきた。それによって、「なぜ葬儀をやらなければならないのか」
「葬儀は費用がかかりすぎではないか」「伝統や慣習にしばられた葬儀ではな
く自分らしい葬儀がしたい」などといった葬送儀礼への批判や疑問が噴出
するようになった。

　こうした批判や疑問に「応え／答え」ていく必要がある。これが当研究
所の葬送儀礼研究の大きな動機であり、これは2011年の研究開始以来、変
わらない姿勢である。

　そこで本書では、さまざまな書籍、もしくは葬儀社さんのウェブサイト
などに記載されていた問いの中でも頻出度の高い問いに、「これまでは聞か
れることもなかった／考えられることもなかった」ような「死んだらどう
なるのか」「葬儀はなぜ行うのか」という問いを加えて取り上げ、一問一答
の形式で掲載し、葬儀やお墓に関する一般の人びとの「問い」を、「そんなこ
と当たり前」だとは言わずに、ともに考えていくことを主眼としている。

　期せずして本書が発刊される前年の令和２（2020）年10月に、浄土真宗本願寺
派第25代門主の大谷光淳さまが、一問一答の形式で仏教の教えを示された『令
和版　仏の教え　阿弥陀さまにおまかせして生きる』（幻冬舎）を発刊された。

　その初め、「お伝えしたいこと〜序文にかえて」に、

　　新型コロナウイルス拡大という困難な状況の中で本書が発刊されます。
　　それが、私たち僧侶自身にとっても、そして、現代に生きる一人ひと
　　りの方にとっても、み教えに触れる機会になり、すべての人々が心豊
　　かに共に生きることのできる社会の実現の機縁となりますことを心か
　　ら願っています。　　　　　　　　　　　　　　　　　　　（7頁）

と記されている。本書が求めること、本書を執筆した２人の研究員の思い
は、これと変わるところがない。

ねぇ、お坊さん教えてよ　死んだらどうなるの?　もくじ

Chapter 3 「お墓」へのギモン

◆ 本書の活用法

　本書の中心は、「問いと答え」です。その「問い」には、「さまざまな書籍やホームページから収集した問いの中でも頻出度の高い質問」を中心として、「一般の方が抱く問い」「僧侶でなければ答えられない問い」を入れました。「問い」を見ていただくと、「お坊さん」に質問しにくいと考えられる内容も入っています。例えば、「離檀料」の質問や「法事をいつまで続けていいのか」といった問いです。こうした問いを中心にしたのは、「お坊さんに聞きたいけど、直接聞きにくい」といった問いに答えること、つまり、一般の方々が、「本当はお坊さんに聞きたいと思っているけど聞きづらいから、葬儀社さんや一般書籍で確認している」ことにできるだけ答えることを目的にしたからです。

　ですから、本書を手に取っていただいた方には、まず、本書での問いと答えで納得できるのか。あるいは、私ならこんなことが聞いてみたい。実は今こんな悩みがある。こういったことを考え、ご自身やご家族、ご親族の葬儀やお墓、仏事のことについて話し合う機会にしていただきたいと思います。そして、可能であれば、そうした機会にお坊さんも関わることができればと願っています。

　僧侶の方であれば、本書におさめられた問いと答えを見られて、答え方がご自身の立場と異なっていたり、答えが十分ではないとお考えの方も多いかもしれません。しかし、本書はあくまでも１つの応答の形を示し、一般の方と僧侶の方がともにによりよき答えに至りつける場が整うことを願って執筆しています。その点をご理解いただき、ぜひ、普段の寺院活動や各種研修会などでもご活用いただければと思っています。そうした際、さまざまな話し合いが行われるよう論点や関連する問題点を挙げた「一緒に考えてみましょう」、本文で詳述できなかったさまざまなテーマを紹介した「コラム」もご活用いただければと思います。

　さて、本書の中でも少し指摘してありますが、現代の大きな課題は、「ご自身やご家族、ご親族の葬儀やお墓、仏事のことについて話し合う機会」

が十分持てない。あるいは、そもそも「話し合う相手」がいない、という場合があることです。また、ご家族・ご親族など話し合う相手がいたとしても、「何かあったとき」を念頭に話し合いの時間を十分に取れずにいたという場合も考えられます。

　「話し合うこと」「話し合わなければならないこと」は多岐にわたります。そして、多岐にわたればわたるほど、「後で」「時間があるときに」と思ってしまうのも私たちです。そこで、本書では、積極的に「終活支援」に取り組まれている横須賀市の活動を参考にして「私の相談ノート」を掲載しています。

　横須賀市の終活支援活動についてホームページ（「わたしの終活登録」）には次のように記載されています。

　　　近年、ご本人が倒れた場合や亡くなった場合に、せっかく書いておいた終活ノートの保管場所や、お墓の所在地さえ分からなくなる事態が起きています。本市では、こうした"終活関連情報"を、生前にご登録いただき、万一の時、病院・消防・警察・福祉事務所や、本人が指定した方に開示して、本人の意思の実現を支援する事業を、平成30年5月から始めました。安心した暮らしのために、多くの市民の方にご登録いただきたいと思います。

　本書の附録である「私の相談ノート」は、どのようなことを「遺していく人」に伝えたいか。そして、「伝えたいこと」が「きちんと伝えたい人に伝えてもらえる」ようにしていくことを目的としています。

　一つひとつの項目を埋めていく作業が、そのまま一人ひとりの「つながり」が結び直されていくことになればと思います。そして、その「結び直し」が「阿弥陀さま」を中心とした大きな「つながり」を生みだせるよう、僧侶も協力していければと思います。

◆ 本書の構成

①. 問いとその答え

　さまざまな書籍やウェブサイトには、「死」や「葬儀」「墓」「仏壇」などについての質問が数多く挙げられています。本書では、「頻出度の高い問い」「一般の方が抱く問い」「僧侶でなければ答えられない問い」を挙げています。それぞれ数頁で完結しており、どの問いからお読みいただいても構いませんし、どの部分を切り取って活用していただいても構いません。

②. 「仏典のことば（略解説）」

　各問いの直下に掲げた「仏典のことば」の概略や、それぞれのことばの意味について簡単に示したものです。「仏典のことば」にご興味をお持ちの方は、ぜひご参照ください。

Ⓐ 質問事項　　Ⓑ 仏典のことば　　Ⓒ 質問への答え
Ⓓ 一緒に考えてみましょう　　Ⓔ コラム

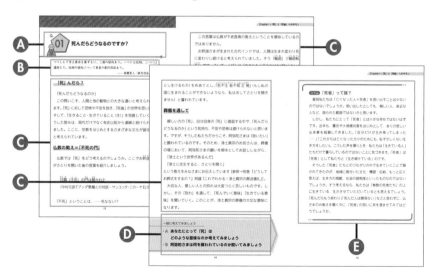

3. 参考文献

　本書を執筆するにあたって参照した書籍・論文や、入門的な書籍などをピックアップしました。

4. 「私の相談ノート」

　自分の意志を確認し、次の人に伝えるために、ぜひご活用ください。

＊なお、別巻『どうしてお葬式をするの？』には、附録「これでわかる！浄土真宗の葬送儀礼」を掲載しています。併せてご活用ください。

【本書で用いた略称について】

・浄土真宗の葬送儀礼は、仏教の教え、親鸞聖人の教えなどに基づいて行われるものですから、仏典のことばに依るところも多くあります。本文には、しばしば仏典のことばを引用し、また「仏典のことば」に親しんでいただくために、「問い」の直下に関連のある文を掲載し、巻末にはそれぞれの略解説を附しています。

・本文中の引用文および「仏典のことば」は、主として本願寺出版社の『浄土真宗聖典（註釈版第2版）』及び『浄土真宗聖典（註釈版七祖篇）』を使用し、次のような略称で出典を示しています。

　　　『浄土真宗聖典（註釈版第2版）』→『註釈版聖典』
　　　『浄土真宗聖典（註釈版七祖篇）』→『註釈版七祖篇』

　　　　※その他の出典については、「仏典のことば（略解説）」をご参照ください。

Chapter ①

「死」と「死後」への
ギモン

死んだらどうなるのですか?

つつしんで浄土真宗を案ずるに、二種の回向あり。一つには往相、二つには還相なり。往相の回向について真実の教行信証あり。

—— 親鸞聖人『教行信証』教巻

「死」んだら?

「死んだらどうなるのか」

この問いこそ、人間と他の動物との大きな違いと考えられています。「死」に対して恐怖や不安を抱き、「死後」の世界を思い描く。そして、「生きること・生きていること（生）」を見直していく。こうした営みは、現代だけでなく有史以前から連綿と続けられてきました。ここに、宗教をはじめとするさまざまな文化が誕生したと考えられています。

仏教の教え＝「不死の門」

仏教では「死」をどう考えるのでしょうか。ここでお釈迦さま（しゃか）がさとりを開いた後の言葉を紹介しましょう。

甘露（かんろ）（不死（ふし））の門（もん）は開（ひら）かれた

（中村元訳『ブッダ悪魔との対話—サンユッタ・ニカーヤⅡ』87頁）

「不死」ということは、……死なない!?

　この言葉は仏教が不老長寿の教えということを意味しているのではありません。

　お釈迦さまが生まれた古代インドでは、人間は生まれ変わり死に変わりし続けると考えられていました。そう「輪廻」（「輪廻転生」）です。そして、人びとは「生まれたら死ななければならない」という苦しみが続くことを恐れ、なんとか「輪廻しない道」を探し求めていたのです。永遠に「再生」と「再死」を繰り返さなければならない。だからこそお釈迦さまは「死」を思い通りにならない「苦」と捉え、「輪廻しない道」を求めたのです。この輪廻しないことを「解脱」といい、煩悩の束縛から解放され、輪廻し続ける迷いの世界から脱することを指します。

　お釈迦さまは「生まれ変わり死に変わりという"迷い"をでる道」を完成されました。そこで、ご自身がさとられた教えを「不死の門」とも言われたのです。

浄土真宗×「死」＝「往生」・「成仏」

　「解脱」するためにはどうすればいいか。仏教ではさまざまな方法が説かれていますが、浄土真宗のみ教えでは、阿弥陀さまの願いを信じて念仏するものは、阿弥陀さまのはたらきによって、命終わった後、浄土へと生まれ（往生）、さとりを開かせていただきます（成仏）。

　阿弥陀さまは、あらゆる世界に住む、生きとし生けるものを救おうとして48の願いを建てられ、その願いを完成し、現に活動されている仏さまです。阿弥陀さまの願いには、「十方衆生」（生き

とし生けるもの) をめあてとし、「若不生者不取正覚」(もし私の
国に生まれることができないようなら、私は決してさとりを開き
ません) と誓われています。

葬儀を通して

　親しい方の「死」、自分自身の「死」に直面する中で、「死んだら
どうなるのか」という気持ち、不安や恐怖は避けられないと思いま
す。ですが、そうした私たちだからこそ、阿弥陀さまは「救いたい」
と願われているのです。そのため、浄土真宗のお坊さんは、葬儀
の場において、阿弥陀さまの願いを根本としてお話ししながら、
　「浄土という世界があるんだ」
　「浄土に往生すると、さとりを開く」
という教えをみなさまにお伝えしています [参照→別巻『どうして
お葬式をするの?』附録「これでわかる!浄土真宗の葬送儀礼」]。
　大切な人、愛しい人との別れは大変つらく苦しいものです。し
かし、その「別れ」を通して、「死んでいく意味」「生きている意
味」を聞いていく。このことが、浄土真宗の葬儀の大切な意味に
なります。

　一緒に考えてみましょう

▶ A　あなたにとって「死」は
　　どのような意味なのか考えてみましょう
▶ B　阿弥陀さまは何を願われているのか聞いてみましょう

コラム 「死者」って誰？

　普段私たちは「亡くなった人＝死者」を思い出すことは少ないのではないでしょうか。思い出したとしても、親しい人、身近な人など、限られた範囲ではないかと思います。

　しかし、私たちにとって「死者」とは小さな存在ではないはずです。近年も、震災や大規模災害をはじめとして、多くの悲しい出来事を経験してきました。「自分だけが生き残ってしまった……」「これからは亡くなった方々のためにも、恥ずかしくない生き方をしたい」。こうした声を聞くとき、私たちは「生きている人」たちだけで暮らしているのではないことに気づきます。「死者」は「死者」として私たちと「生き続けている」のです。

　そうした「死者」たちとのつながりの中で生きていくことで築かれてきたのが、地域に根付いた文化・慣習・伝統、もっと広く言えば、生き方の規範、社会の諸制度といったものなのではないでしょうか。そう考えるなら、私たちは「無数の死者たち」の上に生きている、生かさせていただいているとも言えるでしょう。「死んだらもう終わり」「死んだ人は関係ない」などと思わずに、仏さまのみ教えを聞く中に、「死者」の思いに耳を澄ませてみてはどうでしょうか。

Q.02 あの世ってどんなところ?

舎利弗、かの仏国土には、微風吹きて、もろもろの宝行樹および宝羅網を動
かすに、微妙の音を出す。　　　　　　　　　　　　　　　——『仏説阿弥陀経』

「あの世」はどんな世界？

　「あの世」と聞くと、どのような世界を想像するでしょう？　楽
しい世界？　しがらみの無い世界？　今より良い感じのところで
しょうか。それとも鬼や悪魔がいるような怖い世界でしょうか。

　「あの世」については、世界中でさまざまに説かれています。
例えば、ギリシャ神話では、オリュンポスという神々の世界や、死
者の国があるとされています。日本では、常世の国とか黄泉の国
とか言いますね。

　生きている間には見ることができない世界——「あの世」——が、
多種多様に説かれていることは、人間が生きることにとって「あ
の世」が大事であることを表しているのかもしれません。

浄　　土

　さて、仏教でいう「あの世」とは、さまざまな仏さまの世界の
ことを言います。日本で最もポピュラーなのは、阿弥陀さまの
「浄土」です。西方にあることから「西方世界」、苦しみがないこ
とから「極楽」「安楽」「安養国」などとも言います。

16

では、阿弥陀さまの「浄土」とはどんな世界なのでしょうか？それを知るのに一番良い方法は、お寺に行くことです！ 例えば、京都府宇治市にある平等院鳳凰堂。10円硬貨の表に描かれているあの建物は、周囲の情景とあわせて浄土の世界を模して作られていることで有名です。同く世界遺産である岩手県平泉の中尊寺金色堂もそうですよね。

　私たちの近くにもそのような場所はあります。そう、浄土真宗本願寺派の本山である西本願寺をはじめとするお寺です。全国のお寺の本堂、そしてご家庭の仏壇。いずれも阿弥陀さまがいらっしゃる浄土の世界が表現されています。

京都・西本願寺

仏となってはたらく

　浄土は「さとりの世界」です。私たちは、この世の命を終えると浄土に往生し、すみやかにさとりを開かせていただきます。浄土はそうした方々が集う「さとりの世界」なのです。

　仏さまは、あらゆるものを救おうとはたらかれています。大切な方が、浄土に行かれたそのときに、その方もさとりを開かれま

す。そして、この世界を見まもり、私たちを導いてくださっている
のです。

この世の縁のつきるとき

　お念仏の教えに出遇（であ）ったものは、死んだ後、離ればなれになる
のではありません。誰もがこの世の終わりの時間を迎えると、同
じように浄土へと往き生まれます。

　浄土真宗が大事にするお経の１つである『仏説阿弥陀経』には、

　　ともに一処（いっしょ）に会（え）す（倶会一処）　　　（『註釈版聖典』124頁）

と、お浄土で一緒になることが説かれています。浄土に往生すれ
ば、先立たれた懐かしい方々と再び会うことができるのです。

　阿弥陀さまは、「必ず救う、われにまかせよ」と私たちによび
かけてくださっています。どのような人であっても、阿弥陀さま
によって同じように浄土へと往生し、さとりを開くことができま
す。そして、さとりを開かれた方々と、再び出会っていくので
す。

一緒に考えてみましょう

▸A　いろいろな宗教で説かれている
　　「あの世」を確認してみましょう

▸B　仏教では「あの世」はどう説かれているか確認しましょう

コラム 「浄土真宗」とは？

　「浄土真宗」と聞いて何を思い浮かべますか。京都にある西本願寺や東本願寺、あるいは親鸞聖人、悪人正機、『歎異抄』などでしょうか。

　実はここに、「浄土真宗」という言葉の難しさがあります。まず一番の基本は、親鸞聖人は、私たちが想像するような「宗派」を形成していないということです。そして、親鸞聖人は生涯一度も「宗派」や「教団」の意味で「浄土真宗」という言葉を使われていません。例えば、主著である『教行信証』（正式には『顕浄土真実教行証文類』）では

　　　つつしんで浄土真宗を案ずるに、二種の回向あり。一つには
　　　往相、二つには還相なり　　　　　　　（『註釈版聖典』135頁）

とあります。これは「教え」の意味です。

　一方、歴史を振り返ると親鸞聖人のご家族をはじめ、親鸞聖人を慕う方々が１つの集団を形成していきました。「浄土真宗」というみ教えを受け継ぐ集団としての「浄土真宗」です。

　本書では主として、親鸞聖人が説かれた教えを指す場合は「浄土真宗のみ教え」、「浄土真宗本願寺派」という宗派・教団を指す場合は「浄土真宗」という言葉を用いています。

悪いことをしたら地獄へ行く?

善人なほもつて往生をとぐ。いはんや悪人をや。　　　　　　　　　　　──『歎異抄』

身口意の三業

　悪いことをしたら、地獄へ堕ちる。こうした「生まれ変わり」は何によって決まるのでしょうか。仏教では、人の行い──「業（カルマン）」によると考えられています。

　業には、身体的行為としての「身業」と、言語活動としての「口業」（語業）と、こころのはたらきとしての「意業」の三種があります。つまり、業とは一人ひとりの日々の行為のことで、その行為の原因に煩悩があります。そして、業はその時その時の行為だけでなく、その行為が後に影響を及ぼすはたらきも持っています。ですから、良いことを積み重ねると楽なる結果が、悪いことを積み重ねると苦なる結果が生じる（善因楽果・悪因苦果）と考えられているのです。

一つではない地獄

　質問にある「地獄」。特に日本では、さまざまな種類があると説かれています［参照→龍谷ミュージアム2017年秋季特別展図録『地獄絵ワンダーランド』］。

　例えば、「阿鼻地獄」。別名「無間地獄」とも言います。文字通

地獄絵ワンダーランド

り、絶え間なく苦しみが続く世界で、最も罪の重い人が堕ちるとされます。無数の剣が並び立つ道や丘を行ったり来たりするのが「衆合地獄」。沸騰した灰水の河に落とされる「灰河」という小地獄もあります。また、「阿鼻叫喚」と言いますよね。まさにこれは、苦しみにみちた地獄のあり方からきている言葉なのです。

地獄行きの人生

「地獄絵図」「生き地獄」。今でもこうした言葉が使われることがあるように、私たちが生きている世界も「地獄」と言える部分があると感じられるかもしれません。そうしたことはなければいい、と考えるのが私たちですが、親鸞聖人は「自分自身は地獄行きが間違いない」とおっしゃっています。

　　いづれの行もおよびがたき身なれば、とても地獄は一定すみ

かぞかし。 　　　　　（『歎異抄』、『註釈版聖典』833頁）

　ここには「地獄に行くほどのことをしてまでも」生き続けている「私」の姿が見つめられているのです。

だれでもの救い

　では、親鸞聖人は本当に地獄に行ってしまうのでしょうか。実は、地獄には行かないんです。浄土に往生するんです。

　なぜなら、阿弥陀さまはあらゆる人びとを救おうと願われています。その阿弥陀さまの慈しみのお心は、もっとも救われがたいもの、地獄に行かざるを得ないようなものにこそ向けられているのです。

一緒に考えてみましょう

▶A 「自業自得」の考え方を確認してみましょう
▶B 仏教で説かれている「地獄」とは
　　どのような世界か確認してみましょう

コラム 「あの人に騙されて地獄に堕ちてもいい」
　　　　　──法然聖人と親鸞聖人──

　たとひ法然聖人にすかされまゐらせて、念仏して地獄にお

ちたりとも、さらに後悔すべからず候ふ。

（『歎異抄』、『註釈版聖典』832頁）

　親鸞聖人の言葉です。親鸞聖人は、ここまで言うほど法然聖人を信頼していました。普段、私たちの生活は「信頼」によって成り立っている部分が大きいと思いますが、それにしても信頼できる人と出会い、「騙されてもいい」と言えるのは、相当稀有なことではないでしょうか。

　では、親鸞聖人はなぜそこまで法然聖人を信頼できたのでしょうか。ここでは親鸞聖人の生涯から考えてみましょう。

　親鸞聖人は、9歳のとき出家得度し、僧侶としての道を比叡山で始めました。日々修行に励んでいましたが、20年経過しても、どうしても自らの状況に満足することができず、29歳の時に比叡山を下りられました。その後、六角堂に参籠し、95日目の暁に観音菩薩からの夢告をうけ、法然聖人のもとに100日間通われました。そして、阿弥陀さまの本願の教えに出遇われたのです。

　概略は以上ですが、考えたいことがあります。20年間修行し続けても満足できないということ、あるいは9歳から29歳まで修行し続けた場所を離れるということを。親鸞聖人は、私たちの想像を超えるような絶望の中で、法然聖人のもとに赴かれ、阿弥陀さまのみ教えを聞かれたのではないでしょうか。

　「あの人に騙されて地獄に堕ちてもいい」。こんな言葉が言える程の出会いの背景には、人生を変えるほどの深い苦悩と喜びが共存していたのです。

04　どうすれば死んで天国へ行けますか?

天地におはしますよろづの神は、かげのかたちに添へるがごとくして、まもらせたまふ

——『親鸞聖人御消息』

方法はありますけど……

　自分が亡くなったとき、あるいは身近な人が亡くなったとき、死後少しでもいい世界に行けるといいなと考えることがあると思います。目的を達成するためには、何かしらの行為（業）を行わなければなりません［参照→20頁］。恐らく無数の方法が考えられるでしょう。

　例えば、一番行きたい場所にすぐ行くのは難しそうだから、1つ手前の段階をまずは目指す、という方法もあります。仏教では、弥勒菩薩がおられる「兜率天」にまずは生まれようという考え方が、それにあたります。

簡単なようでなかなか難しい

　方法はさまざまにあるとして、最も問題とすべきことを申し上げます。質問の背景には、「こうすればああなる」といった考え方が隠れていますよね。「何かすれば天国に行けるだろう」といった形です。これは日常にもありふれています。

　「他人に親切にしたら、自分にもいいことがある」

「いい大学に入ればいい会社に入れる」

「悪いことをすればいつかしっぺ返しがある」

これらをここでは〈因果の思考〉と名付けましょう。何かの因があれば、必ず結果が出るだろう、という考え方のことです。ところで、〈因果の思考〉は、常に正しいのでしょうか？　間違うことはないでしょうか？

そんなことないですよね。「親切にしてたのに裏切られた」「悪いことをしても見つからずに、のうのうと生きている」。残念ながらこんなこと日常茶飯事ですよね。

ですから、〈因果の思考〉が常に正しく機能するとは限りません。これが１つ目の問題です。

良いことを続けることは……

２つ目の問題は、仮に〈因果の思考〉を前提にして、果たして私たちは「良いことをしよう」と思って、良いことをし続けることができるのか？　ということです。これもなかなか難しいですよね。しかも、「良いこと」のレベルを上げて、少数の人たちしか出来ないことを条件にすれば、多くの人が対象から外れてしまいます。

ですから、「どうすれば天国へ行けるか」には、

「何かやったとして、本当に天国に行けるのか」

「本当に天国に行けるような行いができるのか」

という大きな問題が隠れているのです。実は、浄土真宗のみ教えが大事にするのもこの問題です。

仏さまの話を聞く

「どうすれば」「何かしておけば」。こうした〈因果の思考〉を無くすことは非常に難しいかもしれません。それが人間の普通のあり方ですから。しかし、その思考の問題点に気づくことで変わることもあるのではないでしょうか。

　そのためにもぜひ、仏さまのお話を聞いてほしいと思います。仏さまの視点から見ると、少し違った景色が見えてくるかもしれません。

一緒に考えてみましょう

‣A　なぜ「天国」に行きたいか考えてみましょう
‣B　〈因果の思考〉の問題点について考えてみましょう

コラム　こうすればああなる

「正直にしていれば、いつかいいことがある」

「悪いことをすると、いつかしっぺ返しがある」

こうした考え方は普通です。もっと日常に即して言えば、「風邪の薬を飲めば、風邪が治る」「勉強すれば、成績が上がる」など。

このような、「○○すれば、××という結果が起こる」という〈こうすればああなる〉方式の考え方に基づいて私たちは行動しています。

本書にある質問のいくつかもこの考え方がベースになっています。「僧侶が多ければいいことがあるか？」[参照→別巻『どうしてお葬式をするの？』Chapter1-Q.03] などはわかりやすいですね。その他、「身内が亡くなった人はめでたい席にでてはいけない」[参照→別巻『どうしてお葬式をするの？』Chapter2-Q.04] というのも、「身内に不幸があった人がめでたい席に出席すれば、よくない結果が起こるか？」ということですから、考え方は同じです。

浄土真宗のみ教えでは、〈こうすればああなる〉方式＝〈因果の思考〉に生きる私たちは、自分勝手に憎しみ、恨み、怒り、不安や不満を抱き続ける「凡夫」であると説いています。浄土真宗のみ教えに出遇うとは、そうした私たち自身、そして私たちの考え方に出遇うことでもあるのです。

Q.
05 死んでも魂は残るのですか？

「一切の事物は我ならざるものである」（諸法非我）と明らかな知慧をもって観るときに、ひとは苦しみから遠ざかり離れる。これこそ人が清らかになる道である。

——『ダンマパダ』

「変わらないもの」は無い

　一球一球の投球に全力を傾ける「一球入魂」。東日本大震災以後の日本で大事にされた「鎮魂」。茫然自失の人を指す「魂が抜けたよう」との表現。「魂」という言葉は、日常の中で聞く機会の多い言葉の1つです。

　「人が死んだらどうなると思いますか？」
こうした質問に、

　「よくわからないけど、死んだ後は、世間でいわれる〈魂〉的な何かが残るのでは？」

　「身体は無くなるけど〈魂〉はどこか別の世界へ行くのかな？」
などと思う方も、多いことでしょう。

　さて、この「魂」ですが、本当によくわかりません。「有る」として、「私」のどこに「有る」のでしょうか？　亡くなった方の「魂」だけが残るってどういうことでしょうか？　お盆には「魂」が帰ってくるのでしょうか？

　疑問はつきませんが、1つだけ言えるのは、一般に「魂」と表

28

現されているのは、どこかわからないけれど「私」の中にずっと有るもので、それは亡くなっても消えないものと考えられているだろうということです。

　しかし、仏教ではそうした「恒常的にあり続けるもの」はないと考えます。

いろはにほへと　ちりぬるを

　仏教の特徴を簡略に示した「三法印」というものがあります。「諸行無常」「諸法無我」「涅槃寂静」の3つです［参照→参考文献／仏教の教え、釈尊の教え］。

　『平家物語』冒頭にある、有名な

祇園精舎の鐘の声　諸行無常の響きあり
沙羅双樹の花の色　盛者必衰の理をあらわす

という言葉が思い出されることがあるのではないでしょうか。また、

色は匂へど　散りぬるを　我が世誰そ　常ならむ
有為の奥山　今日越えて　浅き夢見じ　酔ひもせず

　日本語の音を全て含んだ「いろは歌」も、「諸行無常」を説いた歌といわれています。言葉だけでなく、その考え方も日本の文化に深く溶け込んでいる「諸行無常」。「あらゆるものは常に変化して

とどまることなく、生じたものは必ず滅する」という教えです。

　あらゆるものは変化し続け、永遠に変わることなく存在し続けるものはない。このことから、「私の中に〈魂〉があり続ける」「死んでからも〈魂〉だけは存在する」といった考えは否定されるのです。

全て無くなるの？

　「諸行無常」であれば、人が亡くなることも当然のことです。では、人が亡くなった後、あらゆるものは移り変わり、すべてが消え去っていくだけなのでしょうか。恐らくそうではないでしょう。

　私たちは大切な方との死別を、きれいさっぱり割り切って生きていくことは容易にはできません。むしろ、亡き方とつながり合いながら生きているのが、私たちの現実の姿ではないでしょうか。

　　人は去っても　その人のほほえみは　去らない

　　人は去っても　その人のことばは　去らない

　　人は去っても　その人のぬくもりは　去らない

　　人は去っても　拝む掌の中に　帰ってくる

　『保育資料　まことの保育』2020年3月号（浄土真宗本願寺派保育連盟）に紹介されていた言葉です。もしかしたら人びとが「魂」という言葉で表現しているのは、こうした「亡くなっても残っていると感じられる何か」なのかもしれません。

　「魂」という言葉にとらわれるのではなく、「亡くなった方は何を伝えようとされているのか」。「私たちは亡き方とどのようにつ

ながっているのか」。そうしたことを、ともに考えたいと思います。

一緒に考えてみましょう

‣A 私たちが「魂」について
　どのように考えているか確認してみましょう
‣B 〈諸行無常〉とはどういう考えか確認してみましょう

コラム 「いろは歌」も移り変わる

　「いろは歌」は、七五調の今様形式で示されたうたです。現在確認できる最古のものは、承暦3年（1079）書写とされる『金光明最勝王経音義』（大東急記念文庫蔵）の巻頭に万葉仮名で記されたものです。これは経典の音を示した書物であり、漢語のアクセントを習得するために記されたものと考えられます。以降は、仮名の手習いとしても親しまれ、かつては辞書類にも「いろは順」として使われてきました。最近でも、項目を列挙するときに片仮名で「イロハ」と示す方もいらっしゃいます。

　新義真言宗の祖である覚鑁（1095−1144）は『密厳諸秘釈』の中で「いろは歌」の由来を『涅槃経』に求めています。『涅槃経』では、お釈迦さまが過去世に雪山童子として修行している時に、羅刹に姿を変えた帝釈天から「諸行無常是生滅法」（諸行は無常であって、これは生滅の法である）と聞いて感動し、後半の「生滅滅已寂滅為楽」（この生と滅とを超えたところに、真の大楽がある）を聞

31

くために我が身を捨てたと言われています。この４句を和訳した
のが「いろは歌」といわれています。

　なお、この話は、昔の国語の読本「さくら読本」に載っていた
ことが、高崎直道氏の『涅槃経を読む』（岩波現代文庫／学術322、
2014年）という本で紹介されています。

　「いろは歌」の文脈についてはさまざまな解釈があるようです
が、お釈迦さまが説かれた無常の教えが、日本文化の中に古くか
ら浸透してきたことがよくわかるのが、「いろは歌」です。

06 嫌いな人にも会ってしまうのですか?

慈眼をもって等しく視れば怨憎会苦もなし。　　── 源信和尚『往生要集』

あの人とは、もう……

「死んでまであの人に会いたくない！」

生きている間ならまだガマンもしたけど、亡くなった後まで嫌な人と付き合いたくない、というお気持ちの方もいらっしゃるかと思います。

「四苦八苦」という言葉をご存知ですか？──どのような人であっても必ず共通する、8つの代表的な苦しみのことです。四苦とは「生苦」「老苦」「病苦」「死苦」をいい、誰もが逃れられない根源的な苦しみをいいます。

残りの4つの中には、人間関係の苦しみが説かれています。例えば、どんなに愛しい人であっても別れなければならない苦しみ（愛別離苦）、どんなに憎い人とも会わなければならない苦しみ（怨憎会苦）です。

顔も見たくないような人に会わなければならないのは、嫌ですよね。これは私たち誰もが少なからず思う感情ではないでしょうか。お釈迦さまも、私たちと同じように人間関係の辛さ、大変さを痛感されていたのだと思います。

苦しみのない世界

　だからこそ「死んでまで一緒になりたくない」とお思いになられるのだと思いますが、心配はいりません。亡くなってから生まれる阿弥陀さまの浄土では、嫌いな人とは会うことがないからです。浄土は別名「極楽」。苦しみのない世界です。

　なぜ苦しみがないのか。浄土に生まれたものは、さとりを開き、「仏」と成ります。仏さまは、対立したり、争ったりしません。心に憎しみも、憎しみから生じる苦しみもありません。

　私たちは、この世に生きているからこそ、互いに憎しみ合い、愛し合います。自分の都合を押しつけたり、自分と他人を比べてみたりする中で、怒りや憎しみ、不安、悲しみを自分勝手に生み出しているのです。しかし、仏さまは、「自分自身」と「誰か」をまったく同じように考えることができる「智慧」を持っています。憎しみや怒りからは離れ、そうした苦しみ悩みを抱えるものにかかわろうとするのが仏さまなのです。

相手のこころをおもう

　怒りや憎しみから、誰かを傷つけたり、誰かを自分より大切であると思えるほど愛するのは、私たちが人として「誰かとともに」この世に生きている証しとも言えます。とはいえ、私たちは、いつ病に侵され、事故に遭い、老い衰えていき、死んでいくのかわかりません。ずっと憎しみ合いを繰り返さなければならないのでしょうか。

　嫌なことがあれば顔をしかめ、ドキッとする言葉をかけられれ
ばきつい言葉を使ってしまうのが私たちの姿。そのような私たち
に、仏教の経典は、いろいろな人と関わり合いながら生きていく
上で、ヒントとなるような言葉をたくさん教えてくれます。

　例えば、『仏説無量寿経』の「和顔愛語」（『註釈版聖典』26頁）。
穏やかな笑顔とやさしい言葉で人と接することです。そして経典
では、「和顔愛語」に続けて「先意承問」とあります。「先意承問
（意を先にして承問す）」とは、自分が第一なのではなく、相手の
思いを慮って行動することです。これらは阿弥陀さまが仏と成ら
れる前、法蔵菩薩であったときに積まれた修行のひとつとして説
かれています。こうしたあり方から、自分の普段のすがたを見直
したいと思います。

一緒に考えてみましょう

▶ A 「好き／嫌い」「愛しい／憎い」と思う理由を
　　考えてみましょう
▶ B 「苦」とはどういうことか考えてみましょう

コラム 「苦」って何？

　仏教において最も重要な概念の1つが「苦」です。「苦しい」「苦
しみ」という言葉からは、肉体的・精神的な「苦しみ」を思い出
されるかもしれませんが、仏教でいう「苦」とはもう少し広い意

味をもっています。

　「苦」の原語は「ドゥッカ」ですが、近年この言葉は「unsatisfactoriness」と英訳されているそうです。「不満足」ということです。例えば、「美味しい料理を食べたいな」と思って、レストランで食事をして満足したとします。しかし、2〜3時間も経過すれば「小腹が空いたなあ」ということもありますし、5〜6時間も経過すれば、また「お腹空いたなあ」となりますよね。つまり、私たちは「満足した」ということがあったとしても、それで終わりということはなく、「常に新たな満足を求め続けてしまう」ということです。私たちは「これでもう十分に満足した」ということはなく、「常に不満足であり続け」、その「不満足を解消しようとし続けてしまう」。

　この「苦」のことを例えば、『釈尊の教えとその展開 ―インド篇―』（勧学寮編）には、

　　人生は不安に満ちていて、不快や憂い多く、悩みのつきない
　　ものであり、肉体的にも精神的にも思い通りにならず好まし
　　いものではない。ここのところを苦という。　　　　（27頁）

と述べられています。

　お釈迦さまはその「苦」の原因を探求され、「無明」（本当の道理を知らないこと）であるとおっしゃっています。

07 テレビでアナウンサーが「ご冥福をお祈りします」って言いますが、どういう意味?

> 悪人は悪を行じて、苦より苦に入り、冥より冥に入る。たれかよく知るものぞ、独り仏の知りたまふのみ。
>
> ——『仏説無量寿経』

お通夜・葬式で使う?

「ご冥福をお祈りします」

この言葉は、お通夜やお葬式で使われますし、テレビなどで訃報に際しアナウンサーの方が言っているのを聞きます。ただ、意味が分かりづらい言葉でもあります。

「ご冥福」とは「冥土の幸福」ということです。「冥土」は、「冥土のみやげ」というように「死後の世界」のことです。

「冥」＝不思議な力

「冥」は元々、「暗い」という意味の漢字です。「冥」の下の部分には「六」がありますが、一般的な漢字辞典には、「十六日めで月が欠け始めてほの暗くなる」という文字の成り立ちが説明されています。

この「暗い」という意味から転じて、人間には分からない神や仏の力などを意味するようになりました。「○○冥利につきる」と言うことがありますが、これも不思議な力による恩恵を「冥利」といったのだそうです。

つまり、「冥福」とは、私たちには見えない死後の世界、神や仏の世界での幸福を祈るという意味です。ですから、「ご冥福を祈る」という、先立たれた方の幸福を願う気持ちを表現したものと考えられます。

浄土真宗では用いません！

　ただ、浄土真宗ではこの言葉を使用しません。

　なぜなら、「死後の幸福（冥福）を祈る」ということは、死後に「幸福」か「不幸」かが不確かなゆえに取る行動だからです。浄土真宗のみ教えは、この世の命を終えたものは、浄土に生まれ、誰もがさとりを開くという教えです。決して「不幸」ではありません。行く先もその後のことも定まっていますから、「冥福を祈る」必要がないのです。

葬儀の場面では……

　故人が浄土へ生まれ、仏さまに成られたと聞かされていても、葬儀の場面で、

　「浄土に往生しておめでとうございます」

とご遺族に言葉をかけるのは、場にそぐわなかったり、言いにくいですよね。ご遺族が辛く悲しいことは間違いありませんし、ご遺族に故人の冥福を祈る気持ちが全くないとは言い切れません。ですから、こちらの思いだけで言葉をかけると、ご遺族の方が不審に思われる可能性もあるでしょう。

　そこで、お通夜やお葬儀など、先立たれた方の家族に接する際

には、

「心よりお悔やみ申し上げます」

「心より哀悼の意を表します」

などと、ご遺族の悲しみや辛さに寄り添うようなお言葉をかけられてはいかがでしょうか。

一緒に考えてみましょう

▶A 「冥」の意味を確認してみましょう

▶B 大切な方との別れに際し、
どのような言葉をかけたいか考えてみましょう

コラム サヨナラダケガ人生ダ

「別れの言葉」、皆さんはどういう言葉を使っていますか。普段であれば、「じゃあね」「またね」「バイバイ」などでしょうか。では、お葬式のとき、ご遺体に向かってどんな言葉をかけられますか。恐らく「バイバイ」という方は少ないのではないでしょうか。

「ジョン万次郎漂流記」『山椒魚』などで有名な井伏鱒二さんが唐代の詩人、于武陵の『勧酒』を訳した際の言葉に「サヨナラダケガ人生ダ」という言葉があります。「生きている」ことは「別れ続けている」ということだと考えれば、「サヨナラ」し続けているのが私たちだと言えるかもしれません。

ところで、「サヨナラ」とはどんな言葉がご存じですか。卒業式の定番ソング「仰げば尊し」の最後に「今こそ別れめ　いざさらば」とありますが、日本語の上では、「さらば」が「さようならば」（江戸後期頃）を経て、「サヨナラ」と変化したと考えられています。そしてこの「さらば」は、「しかし」「そして」などと同じ接続詞で、「そうであるならば」という意味だったとされています。

　つまり、「さらば」という言葉を使うときは、「そうであるならば」「そういう状況になるならば」という状況だということです。人が別れる、離ればなれになる状況になるならば、という場面で「さらば」という言葉が使われていたということです。

　「別れたくないけど……」「離れることは悲しいけど……」という気持ち、「別れたからには……」「離れるからには……」という気持ちにしっかり向きあうとき、日本では「サヨナラ」と言ってきたのではないでしょうか。

08 死んでもまた、この世に生まれ変われますか？

弥陀の浄土にいたりなば、娑婆にもまたたちかへり、神通自在をもって、こころにまかせて、衆生をも利益せしむべきものなり。── 蓮如上人『正信偈大意』

生まれ変わりたい？

みなさまなら、亡くなった後、もう一回生まれ変わりたいと思いますか？

「もう一回人生をやり直したい！」

「今の人生と全く違う人生を送ってみたい！」

「残していく家族と離れたくない！」

などと、考えられる方もいらっしゃると思います。

しかし、そもそも人間が亡くなると必ず人間に生まれ変わるのでしょうか。実はそれが難しいんです。

輪廻〜生まれ変わり、死に変わり〜

古代インドの思想に、「輪廻」（輪廻転生）があります [参照→12頁]。私たちは、生まれ変わり死に変わりし続けているということですが、その生まれ変わる世界に５つ、あるいは６つの世界があると説かれています。５つとは、「地獄」「餓鬼」「畜生」「人間」「天」で、これに「修羅」（阿修羅）をあわせて６つです。人間に生まれ変わろうと思っても、６分の１の確率、しかも人間でなけ

れば「畜生」の世界かも「餓鬼」の世界かもしれません。そして大事なことは、「人間」の世界であろうと、「天」の世界であろうと、すべての世界が、それ相応の苦しみのある世界であり、輪廻する限り苦しみは続くということです。

　だからこそ、お釈迦さまは、生まれ変わり死に変わりを繰り返し、苦しみが続く状態である「輪廻」から解放されたいと願われ、修行の末にさとりを開かれたのです。これが仏教でいう「解脱」です。

仏＝「自覚覚他覚行窮満」

　では、人が亡くなり、しかも輪廻しないとすれば、その亡くなった人（解脱した人）はどこに行ってしまったのでしょうか。この世界に全く関係なくなるのでしょうか。

　実は、私たちと全く関係が無くなるのではなく、「私たちの世界」と深く関わっています。浄土真宗のみ教えでは、亡くなった人は、浄土に往生し、さとりを開くと説いています。では、「仏」とはどのような存在なのかについて、少し難しい言葉ですが、例えば「自覚覚他覚行窮満」と説明されます。自らのさとり（自覚）だけでなく、自分以外の迷っている人びとを救おうとする（覚他）存在で、自らのさとりと他者への思いやりを極限まで窮められた（覚行窮満）存在が、仏さまということです。

　同じような言葉に「自利利他」があります。自分がさとりを開いて仏になること（自利）と、悩み苦しむ他の人を導きさとりを開かせること（利他）は別々のものではなく、この両者を完全に

満たしているのが、仏さまなのです。

生まれ変わって

　浄土真宗のみ教えは、念仏をいただかれ、浄土に往生していかれた方は、浄土に留まったままではなく、私たちの世界に還り来て、人びとを救うという教えです。これも少し難しい言葉になりますが、浄土真宗のみ教えではこのことを「往相」「還相」という言葉で説明しています。

　「往相」とは、私たちが浄土に往生していくすがたのこと、「還相」とは、浄土に往生してさとりを開いた後、迷いの世界に還り来て人びとを仏さまの世界に導くすがたのことをいいます。つまり、死んだら終わりではなく、この世界に還ってきて「覚他」「利他」のはたらきをするのです。

　浄土真宗のみ教えでは、この世の命を終えると浄土に往生し、これまでとは全く異なる仏という存在になります。そのとき大事なことは、「自分以外の方々のため」にはたらく存在となるということです。

一緒に考えてみましょう

▶ A　なぜ「生まれ変わりたい」のか考えてみましょう
▶ B　仏さまとはどのような方なのか確認してみましょう

「菩薩」──誰かのために──

「菩薩のような人だ」という言葉、聞いたことありませんか。本当に優しいと感じられた人や、自分自身のことは後回しにして他人のために生き続けている人などを形容する場合に用いられています。

私たちの周りにも多くの菩薩たちがおられます。観音菩薩（観世音菩薩、観自在菩薩、救世菩薩などとも）や文殊菩薩、地蔵菩薩などは有名です。

「菩薩」という言葉、もともとのインドの言葉では「ボーディサットヴァ(bodhi-sattva)」です。漢字にすると「菩提薩埵」、略して「菩薩」です（さらに略して「茾」〈ささぼさつ〉と書かれることもあります）。「菩提」（こちらは略すと「茾」〈ささてんぼだい〉）は「さとり」、「薩埵」は「衆生・有情」の意味で、「さとりを求める人」のことを「菩薩」といいます。

では、なぜ「さとりを求める」ことと同時に「人を救う」というイメージもあるのでしょうか。

お釈迦さまが亡くなられた後、遠い過去世から長く厳しい修行を重ねた結果、この世でさとりを開かれたというお釈迦さまの生涯を説く仏伝文学（ジャータカ、アヴァダーナなど）が作成されました。その中で、さとりを開こうと歩まれているお釈迦さまを指して「菩薩」という言葉が用いられています。そして、その菩薩として歩まれている際に行われた行（菩薩行）が、利他行でした。例えば、聖徳太子ゆかりの法隆寺所蔵「玉虫厨子」はご存じですか。その「玉虫厨子」には「捨身飼虎」をモチーフにした絵が描かれています。「捨身飼虎」とは、飢えた母虎が今にも自分の子ど

もを食べようとしているのを見た「菩薩」が、崖から身を投じて虎に自分自身を食べさせる、というお話です。この「菩薩」が実はお釈迦さまで、この行為が「菩薩行」として示されているのです。こうした「菩薩行」を修めた末にお釈迦さまはさとりを開かれたと考えられているからこそ、「さとり」を目指すことは、その人だけで完結するのではないと考えられるのです。「誰かのために」「誰かとともに」という視点をもつのが「菩薩」なのです。

諸難救済観音菩薩像　アウランガーバード石窟第７窟
インド、マハーラーシュトラ州　６世紀
（写真提供：京都芸術大学非常勤講師　打本和音）

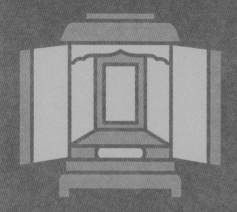

Chapter 2

「仏壇」へのギモン

01 どこに向かって 手を合わせたら良いですか?

ただよく念を繋けて止まざれば、さだめて仏前に生ず。—— 道綽禅師『安楽集』

手を合わせるということ

　最近では、世界で活躍する日本人が本当に多くなってきました。そうした中で印象的なシーンがありました。あるサッカー選手がゴールをした後、仲間の選手たちに囲まれる中で、手を合わせてお辞儀している姿です。インドでは「ナマス・テー」と言いながら合掌して挨拶していますので、仏教国の挨拶というイメージがあるのかもしれません。

　しかしながら、合掌に似た形での挨拶は日本やインドだけでなく世界中に見られるものです。私たちにとって、尊い存在に対して、さらに神や仏など人智を超えた存在に対して行う、人間にとっての普遍的な行為と言うことができるのかもしれません。

手を合わせる場所

　さてご質問にあるように、「どこに向かって」ということですが、人と人との挨拶に用いられるのであれば、それは対面した「相手」に向かってということになります。しかし、具体的な「相手」が現実に認識できない場合があります。それが顕著にあらわれるのが、仏事に関わる場面です。

　例えば、お墓参りをしたときは、墓石に向かって合掌します。家では、仏壇に向かって合掌します。そのとき、人びとの意識は「墓石」や「仏壇」そのものではなく、「その場所にいる」と考えている「故人」や「先祖」に向かっているのではないでしょうか。「手を合わせる場所」があることは、私たちにとって「故人」「先祖」に向き合う際には大事なことです。

　その上で、「どこに向かって」という質問が出たのは、お墓や仏壇を前にして「故人がいる」と考えにくくなってきたのか、あるいは「その場所にいると考えられる場所」が存在していないか、のどちらかだと考えられます。

　特に後者の「場所が存在しない」とは、例えば海への散骨の場合が最たるものです。「散骨した場所」は、海（具体的には、漁場から離れた場所などを業者の自主規制に従って決められている）ですから、散骨した業者が遺族に散骨地点の証明書を渡したり、遺族が船をチャーターしたりするなどして、「故人」を偲ぶ機会が設けられているようです。

　散骨の場合は、お墓のような固定的な場所が存在しないことが重要視されているといえるかもしれませんが、その特徴が、かえって「どこに向かえば良いのかわからない」という状況も生み出しかねません。やはり「故人」「先祖」に向き合いたい、「故人」の存在を少しでも近くに感じたいという方々にとって「手を合わせる場所」は大事でしょう。

敬いの心

　色々な場面や「どこに」という対象に違いがあったとしても、「手を合わせること（合掌）」に共通する部分があります。それは、「心を対象に向けて集中すること」「敬意や敬いの心を持つこと」を意味することです。

　合掌とは、時間にすれば一瞬であるかもしれません。しかし、お墓の前や仏壇の前、あるいは食事の前後や人と交流する場面であったとしても、そこに敬いの心をもち、短い時間であったとしても対面する人や「故人」「先祖」あるいは仏さまを思う時間を持つことは、大きな意味があるのではないでしょうか。

本尊に向かって

　浄土真宗では、礼拝の対象は阿弥陀さまです。阿弥陀さまは、あらゆるものを救おうと願われ、南無阿弥陀仏のお名号となって、常によびかけておられます。そのお導きによって、「故人」も、そして私たち一人ひとりもみな等しく浄土へと生まれ、さとりを開くことができるのです。ですから、浄土真宗の仏壇は、中央にご本尊である阿弥陀さまを安置しています。また、墓石には「南無阿弥陀仏」と彫られることもありますし、名号を持参してお墓参りを行います。

　いつでも、どこでも、どのようなものも救うという阿弥陀さまの願いを聞き、手を合わせることで、あらゆるものが救われていくこと、故人もまた救われていったことを感じていただきたいと

思います。

一緒に考えてみましょう

▶A 手を合わせる意味を考えてみましょう
▶B 阿弥陀さまはどういう方か聞いてみましょう

コラム 食事のことば ──「おかげさま」の心──

　浄土真宗本願寺派では、食事の前後の言葉を制定しています。「食前のことば」は、

　　多くのいのちと、みなさまのおかげにより、このごちそうをめぐまれました。
　　深くご恩を喜び、ありがたくいただきます。

「食後のことば」は、

　　尊いおめぐみをおいしくいただき、ますます御恩報謝につとめます。
　　おかげで、ごちそうさまでした。

というものです。

　食前・食後で共通するのは「恩」という言葉です。みなさんは

食事に関して「誰のどのような恩」を感じられるでしょう。食事を調理してくれた人、食材を作ってくれた人、食事となる植物や動物、私が食事ができるように仕事をしてくれる両親、食材をスーパーまで運んでくれる人、食事を一緒にしてくれる友人、など本当に「食事をする」ことには色々な方々が関わってくれています。

　「食事ができる」ことは、「多くのいのち」のおかげと、「食事を支えてくれる方々」がなければ成り立ちません。いのちのつながりのなかで生かされていることに気づかせていただくのも、食事の機会といえるでしょう。

　なお、浄土真宗本願寺派総合研究所のホームページには「食事のことば」の解説（PDF）が公開されていますので、ぜひご一読ください。

Q. 02 仏壇は、親が死んだら 買わなければなりませんか?

弥陀の名号称するに　行住座臥もえらばれず　時処諸縁もさはりなし

—— 親鸞聖人『高僧和讃』

住宅事情もさまざま

　これまで日本では、「家」は基本的に長子が相続し、その家には仏壇があることが一般的でした。仏壇もそのままお使いになることが普通でした。また家を出られた方は、新しく仏壇を購入されるのが普通だったと考えられます。

　しかし現代では、住宅事情が大きく変化しました。例えば、仏間がある一軒家に住むことが当たり前ではなくなりましたし、特にマンション・アパートでは仏間を持つ空間的余裕がない場合も多いようです。そのため、若い世代の方々では、実家には仏壇はあるが、普段生活する家には仏壇がないという方が大多数のようです。

　また「家」を継がれる方であっても、ご両親が亡くなった後に実家に戻らず、異なる場所に住み続けられることも多くなっています。そのため、仏壇を受け継ぐことも難しくなってきており、いざご両親が亡くなられたときにお困りの方も多いようです。こうした事情もあって、近年ではかなり小規模な仏壇や、伝統的な仏壇の形を取らない現代風の仏壇も登場しています。

仏壇を中心とした生活

　さて、「ご両親が亡くなったら仏壇を買うべきか」という質問ですが、"その時に"、"必ず"「買わなければならない」ものではありません。例えば、仏壇以外の場所に遺影や遺骨を置いておけないというわけではありません。また、納骨の時期についても、浄土真宗では、満中陰や百か日あたりを目安としてお伝えしていますが、「いつまでにしなければならない」という決まりはありません。さらに、仏壇を買わなければご自宅に僧侶が来た際に読経してもらえない、ということもありません。

　では仏壇はなぜ必要なのでしょうか。テレビでこんなシーンを見たことはありませんか。仏壇の前で手を合わせてから登校する子ども、仏壇の前で一日の報告や、嬉しかったこと悲しかったことを報告する人。不思議ですよね。返事をするわけではないとわかっていても、仏壇の前に座り、語りかけることを、私たちは特におかしなこととして受け止めていません。

　「仏壇によって亡くなられた方と関わりを持つことができる」という思いを強くお持ちの方もいらっしゃると思います。亡くなられた方が好きだったもの、例えば、果物、お菓子、ビール、タバコといったものが供えられることがあります［参照→コラム「仏壇には何を置く？」］。亡くなられた方は、完全にいなくなったわけではなく、そばで見守ってくれているんだという思いで、仏壇に向かわれているのだと思います。

無理のない範囲で

　浄土真宗の仏壇は、阿弥陀さまを本尊とし、阿弥陀さまがいらっしゃる世界、亡くなられた方がみなさとりを開かれている世界である「浄土」を表しています。仏壇の前に座り、たとえ数秒でも時間を過ごす。仏さまと成られた「故人」や「先祖」を日常の中で感じつつ生活を送る。このことが、一人ひとりの日常を支えてきたからこそ、日本中のご家庭で仏壇は大切にされ続けてきたのでしょう。

　仏壇の前に座ることによって、「故人」「先祖」への思いを通して、阿弥陀さまのみ教えを聞く機会をいただいてほしいと思います。ですから、大きさや豪華さなどは関係ありません。それぞれの事情に合った仏壇を購入され、ご自宅に置かれれば、大変嬉しく思います。

一緒に考えてみましょう

▶A　お仏壇には何があるのか確認してみましょう
▶B　誰のために仏壇があるのか考えてみましょう

コラム　浄土真宗の仏壇

　浄土真宗の伝統的な仏壇は、金箔が多く使われた大きなもので

す。なぜ金色で大きいのかと言えば、仏壇は阿弥陀さまの浄土を表したものだからです。同じく浄土を表現しているのが、本山（西本願寺）やお寺の内陣です。これをご家庭用に小さくした形が仏壇です。

　さてこの仏壇ですが、江戸時代から急速に普及しました。当時幕府がキリスト教を禁教としたことに関連して寺請制度を導入しました。これにともない、各家庭がどこかの寺院の檀家となることを命じ、更に各家庭に仏壇を設置することを奨励したのです。これによって仏壇製作が急増し、現在では、京仏壇や大阪仏壇、金沢仏壇など、15の産地が伝統的工芸品の指定を受けるほど製作技術も進展しました。

いちょう

携行本尊

　近年は、昔のような大きくて豪華な仏壇の需要は低くなっているようですが、一方で、現代の住宅事情を反映して、「現代的な」仏壇が出されています。小さな仏壇や、洋風の部屋にも置けるようなデザインの仏壇です。仏壇を置くスペースが家にないという方には、浄土真宗本願寺派では、「いちょう」「きく」「携行本尊」という小さいサイズのご本尊をお勧めしています。

　浄土真宗本願寺派のご本尊については、お西さん（西本願寺）ホームページ「各種申込み」の「免物（ご本尊・脇掛）」、または、『浄土真宗必携　〜み教えと歩む〜』をご確認ください。

Q.03 立派な仏壇やお墓は、死んだ人への供養になりますか？

しかれば、本願を信ぜんには、他の善も要にあらず、念仏にまさるべき善なきゆゑに。

——『歎異抄』

後のために

　国内旅行をすると、その地に古くからあるお寺などへお参りしたりします。お寺は、その大きさ、豪華さ、装飾の精巧さもさることながら、枯山水の庭園に代表されるような美を体現した空間は、四季それぞれで表情を変え、見るものの心を動かすものが多く伝えられています。

　ところで、なぜそうしたお寺が日本全国で建てられたのでしょうか。由来はさまざまですが、その１つにお寺を建てることで「功徳を積み」、死後によりよい世界に行けることを望む、という考え方があります。こうした行為を「造像起塔」といい、功徳を積む方法の１つとされてきました。

　「造像起塔」が特に流行したのは、平安時代です。貴族をはじめとする裕福で権威をもった人たちの中で、阿弥陀さまの浄土に生まれようとする信仰（浄土信仰）が流行しました。例えば、「御堂関白」として知られる藤原道長は、西方浄土への往生を願って、法成寺という摂関期最大級の寺院を建てたことで知られています。

57

いつでも、だれでも、どこででも

　自分のためであっても、他人のためであっても、何らかの良い結果を得たいと考えた時、できる限りのことをしようと思うことは往々にしてあります。故人のために立派なお墓を作りたい、あるいは立派な仏壇を購入したいという思いは否定できません。

　しかしながら、こうした行為や考え方には大きな問題があります。それは、「できる人にはできるが、そうでない人にはできない」ということです。例えば、100万円のお墓や仏壇を購入すると故人を供養できるとすれば、100万円出せない人には供養できないということになってしまいます。では、100万円出せず供養できない人には何らかの悪いことが起きてしまうのでしょうか。もしくは、故人は成仏できない、ということになるのでしょうか。そうしたことはないはずです。

　このことを明確に述べられたのが、親鸞聖人（1173−1263）の師である法然聖人（1133−1212）です。法然聖人は、お金も権威もない貧しい人たちには、仏像や仏塔を建てる余力がないことを問題視されました。そうした一人ひとりに付随する状況によって、救いが語られるのではなく、どのような方々であっても救われるべきであり、そのためにこそ「称名念仏」（口に「南無阿弥陀仏」と称えること）が阿弥陀さまによって誓われているのだと説かれたのです。親鸞聖人も、この法然聖人の教えを引き継がれています。

念仏申す人生

　法然聖人や親鸞聖人のみ教えに生きるものにとって重要なことは、その教えを聞き、念仏の人生を送ることです。

　故人のことを想い、立派なお墓やお仏壇を購入されたいとお考えになることは大切な想いであり、否定できるものではありません。しかし、立派でなければならない理由、立派にしなければならない理由はありません。ぜひ、故人を想うことを大切にし、阿弥陀さまのみ教えを聞く機会になるようにしていただきたいです。そして、お坊さんの側としてもみなさんの「供養」したいという想いを、頭ごなしに否定しないようにしたいと思います。

一緒に考えてみましょう

▸A　なぜ「立派」にしたいのか考えてみましょう
▸B　「供養」という言葉の意味を確認してみましょう

コラム 浄土真宗は「○○」しない!?

　葬儀や法事のとき、浄土真宗のお坊さんから「浄土真宗では○○はしません」「○○とは言いません」などとお聞きした経験はありますか。確かに他宗と比べて「浄土真宗だけは違う」という部分は多いかもしれません。例えば、「戒名」とは言わず「法名」と言います［参照→別巻『どうしてお葬式をするの？』Chapter2-Q.07］。「引導を渡す」ということも言いません。

　「引導」という言葉は、スポーツなどで成績がふるわなかった場合に、「引退勧告」を意味する言葉として使われたりしていますが、語源を辿ると仏教用語です。日本中世において、現在の仏教式の葬儀の原形をいち早く整えたとされるのが、禅宗です。禅宗の葬儀は、修行なかばで亡くなった僧侶に修行を終えさせ、さとりを開かせて仏の世界に送るという儀礼を基として、その形を在家信者に採り入れたとされています。そして、仏教の多くの宗派では、「没後作僧」、つまり死後に受戒させて僧にし、その上で仏さまの世界に導き入れるという形になっています。

　これが「引導」ですが、浄土真宗のみ教えは、「故人は亡くなると浄土に往生して速やかに仏となる」という教えですから、「引導を渡す」ことはしませんし、そもそも私たちには、たとえお坊さんであっても故人にさとりを開かせる力はありません。

　また、浄土真宗では行わないとされる最たることは、「追善供養」です。「供養」の原語「プージャナ」は「尊敬すること」「礼拝すること」などを意味していますが、現在では、故人のために生きているものが功徳をささげること、あるいは、もっと簡単に故人のために何かしてあげること、といった意味で使われている

ようです。

　「故人のために」という考え方そのものは否定されることではありません。しかしながら、「引導」と同じように浄土真宗では、故人はすでに阿弥陀さまによって仏と成られているのであり、また、私たち自身には功徳をささげる力がないと考えますので「追善供養」はいたしません。また、「永代供養」という言葉も一般的に使われていますが、これも永代経といい、先祖を偲びつつ浄土真宗の教えが永代に受け継がれていくための法要と位置づけています。なお、浄土真宗本願寺派総合研究所と重点プロジェクト推進室では、仏事奨励リーフレット『またあえる世界』、リーフレット『お仏壇を伝えるこころを伝える』を制作しています（https://www.hongwanji.or.jp/project/agenda/jissen.html）。また、「供養」など仏教や真宗の用語については、『浄土真宗辞典』で意味や由来を調べることができます。

Q. 04 お仏壇を買ったときは、お坊さんに何かしてもらうのですか?

弥陀大悲の誓願を　ふかく信ぜんひとはみな
　ねてもさめてもへだてなく　南無阿弥陀仏をとなふべし

—— 親鸞聖人『正像末和讃』

「お性根入れ」

　故人の写真や好きだったものを置くなど、故人を偲ぶための大事な場所として、仏壇を使用されている方がいらっしゃるのではないでしょうか。そうして代々使われてきた仏壇を修理する場合や、新しく仏壇を購入される場合には、古い仏壇や仏具の扱いも含めて、何かすべきことがあるのではないかとお考えかと思います。

　仏壇を購入された方から、

　「仏壇を新しく購入したので、お性根入れをお願いします」

と依頼されることがあります。「お性根入れ」のほか、「魂入れ」「開眼供養」といった言葉が使われることもあります。

　なぜこうした行為が必要だと考えられているのでしょうか。

仏壇の価値

　その理由は、仏壇屋さんに並べられていた売り物としての「仏壇」から、それぞれのご家庭で故人を偲ぶ場、あるいは仏事を営む場として用いられる「仏壇」へと変える必要があると考えられ

ているからではないでしょうか。

　売り物であれば、仏壇の大きさ、装飾の豪華さから計算される「金銭的価値」が中心です。一方、各ご家庭に置かれた仏壇は、金銭的価値が高いから素晴らしい仏壇ということにはなりません。各ご家庭で、どのように仏壇を中心として生活を営むかが大切になってきます。そのための第一歩目として、お坊さんをともなった仏事が必要とされているのです。

浄土真宗は「入仏式」

　新しく仏壇を購入された場合、浄土真宗では「お性根入れ」「魂入れ」「開眼供養」ではなく、ご本尊である阿弥陀さまをお迎えすることが最も大切だと考えています。

　浄土真宗の仏壇は、ご本尊である阿弥陀さまをご安置するためのものであり、きらびやかな荘厳は、経典に説かれた阿弥陀さまの世界、「お浄土」の姿を表現しています。

　ご家庭に仏壇を置き、阿弥陀さまを迎えることで、仏さまを中心とする新たな生活が始まります。それを機縁として行うのが「入 仏式（入 仏法要）」です。ぜひ、お坊さんを呼んでいただき、仏さまを中心とした生活のスタートとしていただきたいと思います。

‣ **A　なぜ仏壇が必要なのか考えてみましょう**

‣ **B　仏壇に阿弥陀さまを迎えることの**
**　　意味を考えてみましょう**

コラム　本尊って何？

　本尊とは、お寺の本堂やご家庭の仏壇の中央に安置されている
仏さまのことで、信仰の対象です。

　浄土真宗本願寺派の憲法にあたる「宗制」には「阿弥陀如来（南
無阿弥陀仏）」一仏と規定され、さらに「教法弘通の恩徳を報謝す
るため、宗祖、七高僧、聖徳太子及び歴代宗主の影像を安置する」
とあります。阿弥陀さまを中心に、そのみ教えに生きた方々の影
像を安置しているのが、浄土真宗の本堂の内陣であり、ご家庭の
仏壇なのです。

　さて、先ほどの「宗制」に「阿弥陀如来（南無阿弥陀仏）」と記
載されていることを紹介しましたが、「あれ？」と思われた方はい
ますか。「阿弥陀如来」ならばおそらく仏像を思い出されるかと思
いますが、「南無阿弥陀仏」とあると、「それは私たちが称える言
葉では？」「なんで南無も入ってるの？」と思われた方もいらっし
ゃるのではないでしょうか。ここが浄土真宗のみ教えの大きな特
徴です。

　「南無阿弥陀仏」。これを「名号」といいますが、親鸞聖人は、私

たちが「念仏」にともなって口に出す「南無阿弥陀仏」が、阿弥陀さまからの「喚び声（よごえ）」であり、阿弥陀さまそのものであると示されています（これ以上は難しくなりますので他の書籍をご参照ください）［参照→参考文献／浄土真宗のみ教え・歴史］。この名号を本尊とするという形が浄土真宗では大切にされてきました。

　他方、木像はといえば、鎌倉末期から南北朝時代頃より依用されるようになったようですが、江戸時代になって寺院が増えてくると、本堂にふさわしい立体的なお姿として木像が安置されることが増えていきました。内陣を立体的に使って儀礼を行う点で仏壇とは異なり、横から見てもわかるようになっています。正面以外から見る機会がないとなかなか気づけないのですが、直立しているのではなく、少し前傾姿勢で、片足が少し前に出ています。

　浄土真宗で用いる絵像や木像の阿弥陀さまは、『観無量寿経』で説かれる阿弥陀さまを模しています。どんな阿弥陀さまかというと、「今まさに救おうとされているすがた」（住立空中尊）です。座ったままではなく、立って、目の前にいる苦しむものを救おうと歩み出されているすがたそのものを仏像にしているのです。

夫の実家は浄土真宗ですが、私の実家に
ある仏壇に比べてかなり派手な印象です。
そんなにキンキラキンな仏壇は
置きたくありません。

その仏国土は、自然の七宝、金・銀・瑠璃・珊瑚・琥珀・硨磲・碼碯、合成
して地とせり。

――『仏説無量寿経』

派手なのか!?

「仏教」もしくは、「お坊さん」と聞いて派手な印象を抱きます
か？　それとも、質素な印象を抱きますか？

例えば、寺院も両極端ですよね。平成23年 (2011) に世界文化
遺産に登録された岩手県平泉の中尊寺金色堂。あのお堂はキンキ
ラキンで豪華です。京都にある金閣 (鹿苑寺) も、その名の通りキ
ンキラキンです。それに対して、非常に質素な寺院もあります。金
閣とともに有名な銀閣 (慈照寺) は、日本美を言い表す「わびさび」
を伝える雰囲気があります。

お寺の中に入っても、豪華
な場合と質素な場合がありま
す。西本願寺の本堂は、外陣
はキンキラというものではな
いですが、内陣は金をふんだ
んに使っていますし、装飾も
精巧なものになっています。

西本願寺　阿弥陀堂　内陣

そのままの輝き

　本堂の装飾については、各宗派で意味づけが異なっています
[参照→参考文献／各宗派の仏事や葬儀について] ので、ここでは
浄土真宗に限ってお答えします。

　浄土真宗で用いる仏壇は、阿弥陀さまがいらっしゃる「浄土」
に関する経典の描写に基づいて造形されています。阿弥陀さまや
その浄土については、『仏説無量寿経』、『仏説阿弥陀経』などに説
かれています。

　例えば、『仏説無量寿経』に説かれた阿弥陀さまの願いには、次
のようなものがあります。

　　　たとひわれ仏を得たらんに、国中の人天、ことごとく真金
　　　色ならずは、正覚を取らじ。（第３願、『註釈版聖典』16頁）

　阿弥陀さまの浄土では、あらゆるものが「真金色」、質問にあ
るように「キンキラキン」だというのです。この「真金色」と
は、身体じゅうが金箔で覆われているといったことをいうのでは
なく、あらゆるものがそれぞれそのままに輝いているという意味
です。

　私たちは普段、誰かや何かに比べて「綺麗」「美しい」というこ
とを考えます。しかしながら、浄土ではそうした比較を用いられ
ることなく、それぞれが輝いているのです。そのことを経典で
は、「金・銀・瑠璃などさまざまな宝石が合成したようなきらびや

かな国土である」といったり、「さまざまな鳥たちが美しい音声を奏でている」とも説かれています。

　こうした「浄土」の世界が、仏壇でも表わされているのです。

共命鳥

どうしても難しい場合は……

　「キンキラキン」の意味がわかったとしても、どうしても自宅にはそうした仏壇を置きたくないという方もいらっしゃるかもしれません。最近は「現代仏壇」といって、現代の住宅事情にマッチしている仏壇が多く販売されています。[参照→コラム「浄土真宗の仏壇」]

　浄土真宗で用いる仏壇にどのようなものがあるか、お寺の住職や浄土真宗本願寺派の関係施設、あるいは仏具屋さんに聞いてみてください。きっと、ピッタリのお仏壇がみつかることと思います。

一緒に考えてみましょう

▶A　全国の有名なお寺を調べてみましょう
▶B　なぜ仏壇はキンキラキンなのでしょうか

コラム **お坊さんは丸坊主？**

　浄土真宗のお坊さんは髪伸ばしていいの？　お酒飲んでいいの？　結婚していいの？

　他の宗派と違い浄土真宗のお坊さんは結婚もするし、髪も伸ばしている方が多いことから、やはり疑問を持たれる方が多いかもしれません。

　仏教の歴史を振り返れば、やはりお坊さんは丸坊主です。お釈迦さまは、４カ月に１回剃髪していたとも伝えられています。僧侶の生活規則を記した『四分律』というものには、「応に鬚髪を剃るべし」とあり、２カ月に１度は剃髪するとあります。また、親鸞聖人はご自身のことを「禿の字をもつて姓とす」（『註釈版聖典』472頁）と述べられています。この「禿」は「かぶろ」などとも読み、剃髪せず結髪もしないさまを表しています。機会があればぜひ、親鸞聖人を描かれた影像などで確認してみてください。

　こうした状況が大きく変わったのが、明治５年（1872）４月25日公布の太政官布告第133号「僧侶肉食妻帯蓄髪等差許ノ事」の発布です。これによって、社会的に僧侶の蓄髪が認められるようになり、近年は浄土真宗に限らず、頭髪を伸ばす僧侶が見受けられます。

お位牌って何?

跡を弔といひて位牌・卒都婆をたつるは輪廻する者のする事也とぞ仰せられ
ける
——『蓮如上人御一期記』

よく見かける板

　お葬式やお仏壇で、「釈○○」「○○院」「○○居士」といった文字
が書かれている細長い板を見られたことはありませんか。お葬式
であれば白木の板、お仏壇では黒塗 (漆が塗られたもの) の板の場
合が多いと思います。あれが「位牌」です。そして、位牌に書か
れている文字は「法名」です (「戒名」という言い方のほうが聞き
馴染みがあるかもしれません) [参照→別巻『どうしてお葬式をす
るの？』Chapter2-Q.07]。

儒教由来

　「位牌」ですが、儒教由来のものだといわれています。儒教で
は、亡くなった方の生前の官位や姓名を記した板に死者の霊が宿
ると考えられました。そのため、位牌を祀ったり、礼拝の対象と
したそうです。「死者の霊が宿る」というのがポイントです。
　中国・宋代において『家礼』(『朱子家礼』などとも) という冠
婚葬祭を定めた書物が著されたことで、どのように故人を送って
いくのかという死者儀礼を含めて、さまざまな儀礼が民間に広ま

ったとされます。この宋代には、禅宗が発展し、「清規」と呼ばれ
る作法や日常生活まで細かく定めたマニュアルが作られました。
その中に『家礼』の影響が含まれていたため、「位牌」が仏教のお
葬式にも用いられるようになったと考えられています。

位牌の意味

　中国でできあがったお葬式の形式は、お坊さんの往来などによ
って日本にもたらされました。特に、室町時代から江戸時代にか
けて、禅宗が率先する形で一般民衆の方のお葬式に関わり、お葬
式の形式を広めました。さらに日本では、儒教の考え方と同時
に、「位牌」が日本古来の神霊が宿るとされた「依代」などと一体
として理解されたことで、幅広く普及していったと考えられてい
ます。中国から輸入された儒教由来の位牌に、日本古来の感覚が
混じり合って広まった、「何か霊的なものが宿る」と考えられたも
のが「位牌」なのです。

　このような背景をもっていますので、現在でも「位牌」は故人
が宿る場所といった意味で理解されている方も多いのではないで
しょうか。そうしたことから、故人を供養するために用いるもの、
いわゆる死者供養や先祖供養のために用いるものとして、礼拝の対
象と考えられることもあるようです。仏壇に置かれるのも、そう
した点からではないかと考えられます。

浄土真宗では、使いません

　しかし、浄土真宗では位牌を用いません。その理由として次の

ようなものがあります。

　まず、「位牌」の基本的な役割とされる「故人が宿る」「霊的なもの
が宿る」という考え方をしないからです［参照→28頁］。

　浄土真宗のみ教えでは、亡くなられた方はお浄土へと往生し、
仏に成ると説かれています。ですから、「宿る場所」である「位
牌」は必要ないのです。

　次に、仏壇などで「位牌」を中心に置かれ、その「位牌」に対
して読経したり、手を合わせたりされることがありますが、先ほ
ど言った浄土真宗のみ教えからすると、あくまで手を合わせる対
象は「仏さま」です［参照→50頁］。そのため、礼拝の「対象」
としての「位牌」は必要ないのです。

　このような理由から、浄土真宗では「位牌」を用いず過去帳や
法名軸に故人の名などを記し、安置することをお勧めしています
［参照→『宗報』2013年3月号「シリーズ葬送儀礼の問題を考える
第6回　位牌について」］。

一緒に考えてみましょう

▸A　位牌の歴史を確認しましょう
▸B　位牌の役割を考えてみましょう

コラム　お坊さんがつなぐ日本と中国

　位牌のように中国から取り入れ、日本に根付いたものは色々ありますが、やはり一番大きな影響を及ぼしたといえるのは「文字」でしょう。世界四大文明の１つとして黄河文明が数えられるように、中国における文明の進展は日本より早かったといえます。日本は、遣隋使・遣唐使、日宋貿易・日明貿易などといった両国の交流によって、その文明を取り入れていきました。

　今私たちが使っている文字、漢字・ひらがな・カタカナも、中国から経典や漢籍などが持ち帰られ、例えば「伊」や「以」などからカタカナの「イ」やひらがなの「い」ができていったように、それらを読んでいく中で作られていきました。

　また、中国の言葉と日本の言葉は文法も大きく異なりますから、日本人は、「一点」「二点」「レ点」など多様な訓点を施したりしながら読み進めていきました。そうした中で、中国の文法から日本の文法に従った文章が読み書きできるようになっていったのです。

　文字以外だと、お茶もそうですよね。奈良・平安時代の頃、遣唐使によって日本と中国が交流していましたが、その時代に留学僧であった最澄や空海がお茶の種子を持ち帰ったとされています。この時代、お茶は一部に限られたものだったようですが、大きく変わったのは、鎌倉時代です。建仁寺の開山として有名な栄西（臨済宗の宗祖）が中国・宋からお茶を持ち帰り、お茶の効用・製法などについて著した『喫茶養生記』を書き上げた後だとされています。

今の日本に伝わる文化や考え方には、お坊さんによる日本と中国との交流からもたらされたものがたくさんあります。そして、中国から取り入れられたものは、日本で和風にアレンジされていることも多々あります。文化の起源や、日本でのアレンジなど、一度調べられても面白いのではないでしょうか。

実家は浄土真宗ではありませんが、ひとり娘のため実家の位牌を受け継ぐ人が私しかいません。我が家の仏壇に一緒に入れてもいいですか?

穢土をもて浄土に准じ、私宅をもて道場に擬して、本尊を安ずる浄場とし、念仏をつとむる会座とするなり。

—— 存覚上人『至道鈔』

受け継ぐ人がいない

　これまで「家」を受け継ぐことは、主として長子の方が担ってきました。また、受け継ぐ方がいない場合でも、親族間で解決するといった形が取られていました。一昔前は、「○○という名字(具体的には「家」)」を残すことは重大な問題として認識されていたように思います。

　しかし、少子化の影響により受け継ぐ方がいらっしゃらない、あるいは、近年は生活環境・社会環境の変化から「受け継ぐ」ことそのものが困難であるという場合も見られます。例えば、仕事の関係で海外に居住され続ける場合などが思いつきます。こうした状況は、少子高齢化が進行し続ける日本において、今後増加することは避けられないことです。それにともなって、ご質問にあるように「お墓」「位牌」「仏壇」もしくは「家」そのものをどういった形で受け継ぐのか、あるいは、処分していくのかという問題に直面される方が増えています。

位牌への考え方

　「お墓」にしても「位牌」や「仏壇」にしても一つひとつが大きな問題ですから、すべてをまとめて、とはいきません。ここではご質問のケースを考えてみたいと思います。

　ご質問された方は、浄土真宗以外の宗派に関係があったご家庭（実家）から、浄土真宗に関係があるご家庭の方と結婚されたということでしょうか。そして、実家を継ぐ方がいらっしゃらないために、実家にある位牌を自分で見ていきたいが、恐らく浄土真宗では位牌を用いないということをお聞きになったことから、どうしたらいいか、というお悩みではないでしょうか。また、宗派が違うものと一緒にすることにも躊躇されているのではないでしょうか。

宗派が違う問題

　まず大切にしたいことは、浄土真宗で位牌を用いないから、位牌を今のご家庭の仏壇に一緒に置いてはいけないとか、位牌を処分すべきだということにはならないということです。確かに、「浄土真宗では位牌を用いない」といいますが［参照→71頁］、これまでご家庭や一人ひとりに大切にされてきたものを完全に否定してしまうことは、あまりにも乱暴ですよね。

　そこで、位牌だけでなく、仏壇やお墓のこともあるでしょうから、まずはご実家で親しくされていた寺院の方に相談されてはいかがでしょうか。恐らく今後法事などの問題も出てくるかと思い

ますので、位牌の管理などのアドバイスをいただけるように思います。浄土真宗では、位牌に記された故人のお名前などは、過去帳に書き写す方法もとれます。

その上で、位牌だけは近くに置いておきたいということであれば、ご質問にあるように「我が家の仏壇に一緒に入れる」ということになるかと思います。しかし、その際、浄土真宗の仏壇の荘厳方法、簡単にいうとさまざまな仏具の飾り方がありますので、現在のご家族が親しくされている寺院の方に置き場所などを相談しながら、ご家族でどのように保管していくのかを決められてはいかがでしょうか［参照→コラム「仏壇には何を置く？」］。

故人を偲び感謝する

ところで、話がかなり先のことかもしれませんが、ご実家を継がれる方がいないということであれば、やはり位牌だけでなく、お墓や法事などの問題もこれから考えなければならなくなると思います。そして、それは金銭的な問題も含め、大きな負担になっていくかもしれません。

今お考えのように、ご自身ができる限りの範囲で先祖を敬い、故人を偲ぶ機会を作っていただければと思います。そして、一人で抱え込むのではなく、ご実家のご親戚や寺院と相談しながら、ご実家のこれからを考えていただきたいと思います。

▶ **A 世代間の継承で問題になりそうなことを
ピックアップしてみましょう**

▶ **B お仏壇のお飾り（荘厳）について調べてみましょう**

コラム **仏壇には何を置く？**

　仏壇に置いていいものと、置いてはダメなものがある？　自分の家の仏壇だからどうしたっていいだろうとお考えの方もいらっしゃるかもしれません。

　浄土真宗では、本尊の阿弥陀さまを安置するところが仏壇であり、阿弥陀さまの浄土が表現されているものと考えています。遺影やお酒など故人の趣向に合わせたものを置かれる方がいらっしゃいますが、仏壇は故人を祀っているのではなく、阿弥陀さまを安置する場所であることをお忘れなく、整えていただければと思います。

　そこで、仏壇のお荘厳（おかざり）の基本形をお伝えしておきたいと思います。

　①上卓（うわじょく）…阿弥陀さまの前の机に、四具足（しぐそく）（華瓶一対（けびょう）・蝋燭立（ろうそくたて）・火舎（かしゃ））、御仏飯（おぶっぱん）を置く。

　②前卓（まえじょく）…一段下がったところ。蝋燭・お香・お花をそなえるための三具足（みつぐそく）などを置く。

　その他、正信偈・和讃、御文章箱や、打敷（うちしき）（三角形の布）、お供物などを置きます。これらはあくまで基本形ですので、大きさ

や配置は、それぞれです。仏壇の大きさや法要にあわせてお飾りしていただければと思います。［参照→『季刊せいてん』№115特集・お仏壇を安置しよう］

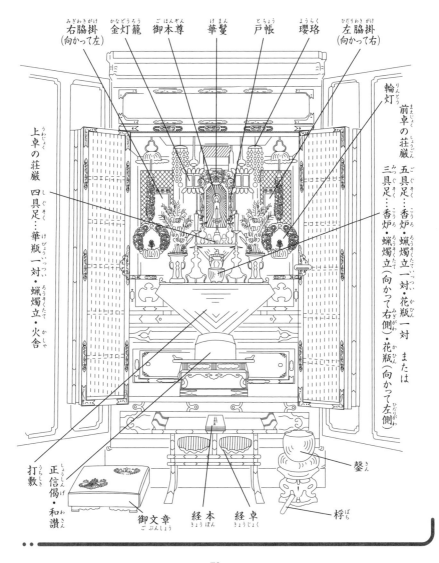

右脇掛（向かって左）　金灯籠　御本尊　華鬘　戸帳　瓔珞　左脇掛（向かって右）

輪灯

前卓の荘厳

五具足…香炉・蝋燭立一対・花瓶一対　または　三具足…香炉・蝋燭立（向かって右側）・花瓶（向かって左側）

上卓の荘厳　四具足…華瓶一対・蝋燭立・火舎

鏧

桴

打敷

正信偈・和讃

御文章

経本

経卓

Q.

08 先祖の位牌が実家の仏壇にたくさんあります。誰のものかわからない古い位牌を処分してもいいですか？

観音・勢至もろともに　慈光世界を照曜し

　　有縁を度してしばらくも　休息あることなかりけり —— 親鸞聖人『浄土和讃』

古いものには霊魂が宿る？

「○○供養」という言葉、聞いたことはありますか。有名なのは先祖供養ですが、例えば、人形供養、針供養、櫛供養といったものもあります。例えば、祖父母の家に遊びに行った時に、古い人形を見て、何とも言えない恐い思いを抱いたことはありませんか。また、本当に古くから使い込まれている道具などを見ると、捨てるに捨てられないといった経験はないでしょうか。長く時間が経ったものを軽々に処分することは、やはり気が引けますよね。

古くは、長く使ったものには「霊魂」が宿ると考えられていたようです。「付喪神」という言葉があるのですが、「付喪神絵巻」という絵巻物には、土瓶や急須、琵琶や琴などさまざまなものが人間のように擬人化して描かれています。

こうした考えからすれば「古い位牌」などは、その最たるもので、捨てたら呪われる、先祖の怒りにふれる、と考えられてもおかしくないですよね。

では、どう処分する？

　そうした上で処分していいかどうか、ということですが、位牌は「故人の霊が宿る」といったものではありません［参照→70頁］。仮に処分したとしても、呪われることはありませんし、先祖があの世で鬼に豹変して悪いことが起きるといったこともありません。処分するのに困ったら、お近くの寺院や仏具屋さんにご相談していただければと思います。

　その上で一点だけ伝えさせてください。位牌があり、その位牌を見ても誰のことかわからない。「恐らく自分の何代も前の人だし、わからないから処分したい」「先祖だとは思うが直接知らない人だし、家にあっても邪魔だから処分したい」とお思いになっているのであれば、処分される前に、今一度、自分にとって先祖はどのような方なのか、想像してみてください。

過去帳・法名軸があります

　「先祖代々」という言葉があります。「先祖」とはご自身の家に関わる人すべてということです。考えにくいことかもしれませんが、その「先祖」誰一人が欠けたとしても今の私はあり得ないはずです。知らなくても、会ったことはなくても、その方がいたからこそ家は続いてきたのですし、今の私たちがあるのですから、一人ひとりが大切な方であることは間違いありません。私たちにいたるまで、多くの先人たちが苦労の末に築かれてきたものの上に、今の私たちの生活があるのです。

浄土真宗では、「位牌」ではなく、そうした「先祖」の名前や命日などを記載する「過去帳」「法名軸」といったものを用いています。「位牌」は処分されたとしても、過去帳に新たに記載することができます。個人でお書きになる方もいらっしゃいますし、寺院に依頼していただいたら、ご住職に書いていただけると思います。

　故人の命日や法事の際には「過去帳」を開き、どんな方だったのだろうか。その方はどんな人生を送られたのだろうか。そんなことを話す機会にされてはいかがでしょうか。

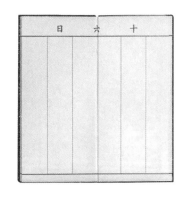

過 去 帳

　　一緒に考えてみましょう

▸ A 「古いもの」に対する考え方を確認してみましょう

▸ B あなたにとって先祖や亡くなられた方は
　　どのような存在か考えてみましょう

コラム　どんな名前？

　お子さんが生まれた時、明るい人になって欲しい、優しい人になって欲しい、などと考えながら名前をつけ、漢字をあてられる方も多いと思います。

　ところで、この「漢字」。種類も多く、例えば「行」という字１つでも「ギョウ」「コウ」「アン」と３つの字音があるなど、ややこしくて嫌いという人も多いかと思います。ですが、なぜこの漢字を使うのかな、この漢字はどんな意味なのかな、と考えると面白いこともあります。

　例えば、親鸞聖人は「海」という文字を多用しています。その数なんと、104か所、32種類に及びます。その理由は、親鸞聖人の生涯に関係するとも考えられています。親鸞聖人は京都生まれです。鎌倉時代ですから、若い頃「海」を見る機会は殆どなかったと予想されます。しかし、35歳のとき流罪にあわれ、越後（現在の新潟県）に赴かれました。おそらくこのとき初めて、広大な「海」を見られたのだと考えられています。新潟ですので「日本海」です。穏やかな海、荒れ狂う海、すべてを包み込む海、さまざまな「海」に接せられ、そのことが親鸞聖人の「言葉遣い」に表れているのだと考えられます。

　さて、浄土真宗では、帰敬式を受式されることで「法名」をいただくことができますし、「内願」としてご自身やご住職と考えられた「法名」をいただくことも可能です。また葬儀に際して、ご自身の祖父母やご両親、ご親族のためにお坊さんと相談して法名を考えることももちろん可能です。「過去帳」をご覧になりな

ら、なんでこんな法名をつけたのか、とお坊さんに聞かれてもいいのではないでしょうか。そして、「法名」は、葬儀の時ではなく、ぜひ生前に西本願寺で帰敬式を受けられ、ご自身でいただかれて欲しいと思います。

親鸞聖人上陸の地・居多ヶ浜(新潟県上越市)

Chapter **3**

「お墓」へのギモン

Q.

01 お墓は何のためにありますか?

さてしもあるべきことならねばとて、野外におくりて夜半の煙となしはてぬ
れば、ただ白骨のみぞのこれり。あはれといふもなかなかおろかなり。

—— 蓮如上人『御文章』

お釈迦さまのお墓

　「何のためにあるか」。そう聞かれると、前提として「いらない
ものじゃないか」とお考えかと不安になってしまいますが、やは
り仏教とお墓は深く関係しているということからお話しさせてい
ただきます。

　お墓と聞くと、どのようなものを想像するでしょうか。山の斜
面に墓石が並ぶ風景、公園のような墓地……。前方後円墳を思い
浮かべる方もいるかもしれません。

　仏教が世界三大宗教とまで評されるほど世界中に展開したきっ
かけの１つに「お釈迦さまのお墓」があります。お釈迦さまが亡
くなられてから、その死を悼むものたち、そして、お釈迦さまが
説かれた教えを深く信じるものたちによって、お釈迦さまのご遺
骨は８つに分配され、お墓（仏塔〈ストゥーパ〉といいます）が
建てられました。その後、日本でもお釈迦さまのご遺骨を納めた
建物が作られました。

　実は、日本各地のお寺で拝観できる五重塔や三重塔は、もとも

サーンチー第１塔　インド、マディヤ・プラデーシュ州　紀元前後頃
（写真提供：京都芸術大学非常勤講師　打本和音）

と、お釈迦さまのお墓なのです。法隆寺の五重塔などには、実際
にお釈迦さまのご遺骨（「仏舎利」）が納められています。

法律では……

　まず、お墓は「遺骨」が納められているということが基本にな
ります。

　現行の法律（昭和23年施行「墓地、埋葬等に関する法律」、通称
「墓埋法」）では、「墳墓」と「納骨堂」に分類されます。「墳墓」は
「死体を埋葬し、又は焼骨を埋蔵する施設」（第２条第４項）、「納骨
堂」は「他人に委託をうけて焼骨を収蔵するために、納骨堂とし
て都道府県知事の許可を受けた施設」（第２条第６項）と規定され
ています。

お墓の変容

　「お墓は遺骨を納める場所である」。もちろん、お墓の意味はこれにとどまりません。

　大事なことは、「お釈迦さまのお墓」はどんな役割を果たしていたのかということから考えることができます。それは、「お釈迦さまに会える場所」として人びとに受け止められ、大切にされてきたということです。現代の私たちがお墓参りをするのと同じような感覚ではないでしょうか。

　近年は、「故人に会える場所」という感覚は残っていたとしても、お墓そのものへの受け取り方はさまざまあるようです。例えば、お墓は長方形縦長の墓石が主流ですが、そうした形にとらわれず、「故人」の人となりをそのまま表すような墓石が作られることがあります。また、「墓石」ではなく、樹木を墓石がわりにするという方もいらっしゃるようです。こうしたことは、歴史を振り返れば異例のことではないのかもしれません。墓石がない地域や、集落ごとの集合墓を古くから伝える地域など「お墓」の形態は多様であり続けているからです。

　長方形の角石に「○○家」と刻む墓石が登場したのは、江戸時代の後半頃と言われていますので、「○○家之墓」以外のお墓がイレギュラーなお墓であるとは言えません。時代や世相、一人ひとりの価値観によって、「墓石」の形は変容し続けてきましたが、「墓石」が持つ役割が捨てられたというわけではないと思います。

浄土真宗のお墓

　浄土真宗では、「南無阿弥陀仏」と刻まれるお墓が多くあり、そのようにお勧めもしています（ほかには『阿弥陀経』の「倶会一処」などがあります［参照→18頁］）。これからもお墓の形態は変化していくことが予想されますが、そのような中で変わらないことは、お墓は、先に浄土へ往かれ仏と成られた先祖や故人を通して、「必ず救う」と誓われた阿弥陀さまの願いの中に生きていることを確認する場であるということです。「南無阿弥陀仏」と刻まれていない場合であっても、ご本尊（懐中名号など）を持参するなどして、お参りいただきたいと思います。

一緒に考えてみましょう

▸ A　仏教の開祖・お釈迦さまのお墓について調べてみましょう
▸ B　あなたにとってお墓はどんなものなのか考えてみましょう

コラム **親鸞聖人のお墓**

　浄土真宗の歴史を辿ると、親鸞聖人のお墓が最初期の例となります。親鸞聖人は、京都の鳥部野（とりべの）で荼毘に付され、遺骨は大谷の地に納められました。当初は、石塔を四角の柵で囲った形状であったことが伝えられています。実は、これは浄土真宗の七高僧のお一人、源信和尚のお墓の形式、「横川形式（よかわけいしき）」と呼ばれるもので、先人達のお墓のあり方に倣ってお墓が造られたのです。のちに親鸞聖人の墓所は大谷廟堂となります。現在の本願寺です。

　本願寺の堂舎を見ると、ご本尊を安置する阿弥陀堂（向かって右）より、親鸞聖人の御真影を安置する御影堂（向かって左）の方がやや大きいことがわかります。親鸞聖人の墓所は、聖人の遺徳を偲びつつ、そのみ教えを伝え聞くお寺になっていったのです。

　江戸時代以降は、京都・東山五条の地に大谷本廟が造営されます。親鸞聖人の御廟の周囲には歴代のお墓が並び、また裏手には大谷墓地が拡がっています。現在は、大谷墓地のほか、祖壇や無量寿堂に納骨することができます。親鸞聖人を慕う、時代を超えた人びとが、ともに集まっているお墓ともいえるでしょう。

大谷本廟・明著堂

Q.

なぜお彼岸に墓参りをするのですか?

なんぢおよび衆生、まさに心をもつぱらにし念を一処に繋けて、西方を想ふべし。

—— 『仏説観無量寿経』

お彼岸と聞くと……

「暑さ寒さも彼岸まで」。季節で言えば、春分や秋分を指します。国民の休日にもなっています。また「彼岸花」が咲き並ぶ風景を思い起こされる方もいらっしゃるでしょう。

現代において、お彼岸には家族そろってお墓参りをすることが当たり前になっていますが、お彼岸と仏教とは深いつながりがあります。春分や秋分を中心とした7日間を彼岸とし、日本全国の寺院で彼岸に際した法要「彼岸会」が開催されています。

壮麗な景色が見られるのが、聖徳太子が創建された日本でもっとも古いお寺の1つ、大阪・四天王寺です。四天王寺では「彼岸会」の際に、西の方にある通称「極楽門」において「日想観」という法要が行われます。真西に沈みゆく夕陽の光が参道に一直線の光をもたらし、美しい光景が拡がっていきます。

彼岸＝先祖に向き合う日

浄土真宗の七高僧のお一人、善導大師の『観経疏』「定善義」には、次のようにあります。

衆生をして境を識り心を住めしめんと欲して、方を指すことあることあり。冬夏の両時を取らず、ただ春秋の二際を取る。その日正東より出でて直西に没す。弥陀仏国は日没の処に当りて、直西十万億の刹を超過す。すなはちこれなり。

（『註釈版七祖篇』396頁）

　春分と秋分には、太陽が真東から出て真西に沈んでゆく。その日没をみて、極楽浄土に生まれたいと願う。それに適した時期が春秋の彼岸であるとされています。

　「彼岸」とは、インドの"パーラミタ"という言葉を訳したものです。漢字をあてると「波羅蜜多」と書きます。これには色々な意味があるのですが、最も基本的な意味として、

　①かなたの岸。川向こうの岸。
　②理想の世界。理想の境地。迷いの此岸に対し、さとりの世界をいう。生死の海を越えたさとりの岸。さとりの岸。ニルヴァーナの境地。ニルヴァーナ。さとり。究極の境地。無為の岸。　　　（中村元『広説仏教語大辞典』1380頁）

の2つがあります。

　太陽が真西に沈んでいく景色をみながら、阿弥陀さまの世界、そして故人が往かれた世界、すなわち「彼岸」を思い浮かべる。こうしたことは日本でも古くから営まれてきました。藤原定家の書写本が見つかったとして話題になった『源氏物語』あたりか

ら、日本の古典文学にも出てくるそうです。平安時代以降日本で盛んとなり、浄土信仰の広がりと相まって、彼岸の期間が大切にされていったと考えられます。

お墓参りの習慣

　では、お墓参りはいつからでしょう。民俗学での研究によると、およそ室町時代以降ではないかと言われています。これは、日本の仏教諸宗において、葬送儀礼の形式が定式化してきたとされる時期と重なっています。故人を葬し弔う一連の葬送儀礼が定着していくとともに、納骨した墓へのお参りが行われるようになったということでしょう。こうしたお墓参りを、「彼岸」という故人を思い浮かべることに適した時節に行おうとしたのが、現代も親しまれている「お彼岸のお墓参り」であると考えられます。

　日々の生活の中で普段から故人のことを思い続けることは、なかなか難しいことです。だからこそ、お彼岸をはじめ、お盆や命日などには可能な限り、故人のことを思い出しつつ、阿弥陀さまのみ教えを味わう機会としていただきたいと思います。

彼 岸 花

「和国の教主」聖徳太子

　日本で知らない人はいないのではないか。それぐらい聖徳太子は有名ですよね。たびたび、日本の高額紙幣に登場してきましたし、教科書にも必ず出ています。令和3年（2021）には1400回忌を迎え、各地でさまざまな行事や催しが行われています。

　では、みなさんはどんな「聖徳太子」を知っていますか。やはり『十七条憲法』や「冠位十二階」といった諸制度を整えたり、四箇院（敬田院・施薬院・療病院・悲田院）の制を実施して、現在でいう社会福祉活動を行ったということでしょうか。これ以外にも四天王寺を建立するにあたり朝鮮半島の百済から名工（番匠）を招き、高度な建築技術を取り込んだことから、聖徳太子は「大工の始祖」としても仰がれています。本文（91頁）では、彼岸会の日想観を紹介しましたが、四天王寺では毎年11月22日に「番匠堂曲尺太子奉賛法要」が勤められています。また、仏教を日本に取り入れようとした際に、物部守屋を打ち破ったことから、聖徳太子は「戦の神」として仰がれることもあります。

　日本において聖徳太子ほど、さまざまな時代において、さまざまな形で尊崇を集めている方はいないでしょう。親鸞聖人も例外ではなく、晩年は太子の和讃を200首近くおつくりになるなど大変尊敬されています。親鸞聖人は20年の修行の後、比叡山を下りられ頂法寺六角堂（京都市中京区）に参籠し、後世のことについてお示しを受けられました。この六角堂は、聖徳太子が創建したと伝えられており、本尊は如意輪観音です。

　親鸞聖人が六角堂に参籠した際の出来事について、親鸞聖人の妻、恵信尼公のお手紙である『恵信尼消息』には次のようにあり

ます。

　　山を出でて、六角堂に百日籠らせたまひて、後世をいのらせ
　たまひけるに、九十五日のあか月、聖徳太子の文を結びて、
　示現にあづからせたまひて候ひければ、

（第1通、『註釈版聖典』811頁）

　この六角堂参籠の後、親鸞聖人は法然聖人のもとへ向かわれ、
本願念仏のみ教えに出遇われたのでした［参照→『季刊せいて
ん』№134特集・聖徳太子と親鸞聖人］。

03 なぜお盆に墓参りをするのですか?

アーナンダよ。今でも、またわたしの死後にでも、誰でも自らを島とし、自らをたよりとし、他人をたよりとせず、法を島とし、法をよりどころとし、他のものをよりどころとしないでいる人々がいるならば、かれらはわが修行僧として最高の境地にあるであろう、――誰でも学ぼうと望む人々は――。

—— 『大パリニッバーナ経』

現代のお墓参り

「なぜお墓参りをするのか……?」

そうなんです。不思議なんです。と言いますのも、現代は宗教離れが進み、葬儀や法事の簡略化も急激に進んでいるのですが、さまざまな統計を見ても「お墓参り」だけはほとんど変化がないということがわかっています。

例えば、櫻井義秀氏（北海道大学）は、平成29年（2017）、全国1200人を対象として日本の宗教とウェルビーイングについての社会調査を行っています。そこでは、「お盆やお彼岸に墓参りをする」という問いに対し、「よくする」（58.1％）、「たまにする」（30.4％）という結果が出ています［参照→櫻井義秀 編著『宗教とウェルビーイング』（2019年）］。実に、9割近くの方が墓参りをしていることになります。

また、井上順孝氏（國學院大学）らによる学生意識調査では、「去年のお盆の墓参りはどうしましたか」という問いに対し、「家族で

行った」(55.4%)、「自分だけで行った」(1.0%) と、5割から6割程度の方がお墓参りをしているということがわかっています。同調査の「調査分析」によると、1990年代は45〜50%で推移していたが、徐々に割合が増え、2005年頃以降は安定して5割以上をキープしているということです [参照→國學院大学日本文化研究所 編・井上順孝 責任編集『学生意識調査 総合報告書 (1995年度〜2015年度)』・『同 総合分析 (1995年度〜2015年度)』]。

　なお、民俗学の研究によれば、お盆に墓参りや墓地での食事を行う地域がある一方で、お墓参りをしない地域もあるようです [参照→関沢まゆみ・国立歴史民俗博物館 編『盆行事と葬送墓制』(2015年)]。こうした伝統についても、その理由を学びながら、受け継いでいく必要があるように思います。

伝えたい想い

　「Uターンラッシュ」「乗車率120%」といった報道に見られるように、お盆の帰省とお墓参りは、日本に深く根付いています。それは、「お盆のお墓参り」が強制的にさせられるものではなく、「お盆だけでもお墓参りしたい」という人びとがいらっしゃることを表しているのではないでしょうか。

　また、お盆には、さまざまな行事が行われています。民間行事としては、京都・五山の送り火に代表されるような「送り火」「迎え火」、盆踊りなど、各地で豊かな文化が育まれてきました。仏教でも、『仏説盂蘭盆経』を由来とする盂蘭盆会、あるいは施餓鬼会などが行われています。さまざまな行事が交わりながら、先祖

や故人を大切にする文化が共有され、「死者」と「生者」とのつながりを確認する時期となっています。つまり、「お盆にお墓参り」をされるのは、「故人」や「先祖」に会いたい。そして、会って伝えたいことがある。そうした想いによって受け継がれてきたのではないでしょうか。

お墓の普及

　さてお墓参りということですが、弟子たちがお参りできるようにと、日本で墓石を初めて使ったとされているのが、地獄の様相を描いたことで有名な『往生要集』の著者・源信和尚（げんしんかしょう）の師匠であり、天台座主（てんだいざす）も務められ、元三大師（がんざんだいし）や慈慧大師（じえだいし）として親しまれている良源（りょうげん）です。その形式のお墓を「横川形式（よかわけいしき）」といいます［参照→コラム「親鸞聖人のお墓」］。室町時代以降盛んになる一般の方の墓参も、さかのぼってみると、このような流れの中に捉えることができます。

　今私たちが考えるような「死者の名を刻んだ墓石」や「寺院墓地」のようなお墓が普及しはじめたのが江戸時代です［参照→105頁］。これらは、家を基盤とした社会の構成や、祖先祭祀の浸透、寺請制度による寺檀関係の確立などがその要因と考えられています。

お盆の墓参り

　浄土真宗においては、家族や親族が集まることのできるお盆の機会には、お墓参りやおつとめを通して、仏さまの願いを聞くこ

とを大事にしています。先に浄土に往かれ、仏と成られた先祖や故人を偲びつつ、先人たちが大切にし私たちに伝えてきたくれた物事に思いを馳せ、仏さまのみ教えを聞いていく。これをお盆の大切な意味としています。

一緒に考えてみましょう

▶ A お盆の由来を確認してみましょう
▶ B それぞれの地域でお盆をどのように過ごされていたか
　調べてみましょう

コラム 日本の末法思想

「世も末だ」という言葉を聞くことがあります。実は、この言葉は、仏教の時代の捉え方に起因しています。仏教には、「三時思想」という、お釈迦さまが亡くなられたあと、次第に仏教が衰えていくという時代観（歴史認識）があります。教えに基づき修行し、さとりを開くものがいる「正法（しょうぼう）」の時代、正法に似た時代だがさとりを開くものはいない「像法（ぞうぼう）」の時代、修行する人もましてやさとりを開くものなどおらず、ただ教えのみがある「末法（まっぽう）」の時代と変遷していくという考え方です。

いつから末法に入るのかは、お釈迦さまが亡くなられた年をいつと考えるか、また、正法・像法・末法それぞれを何年間とするかによって違いがあるのですが、日本では永承（えいしょう）7年（1052）が末

法元年であると考えられていました。当時の日本では、疫病や治安の乱れ、戦乱などで社会が混乱する中、同年には長谷寺が火災に遭ってしまいます。藤原資房の『春記』には「末法の最年、此の事あり。これを恐るべし」と記されているように、当時の人びとは、末法に入ったことを実感していたようです。この時代に爆発的に流行したのが、浄土へ往生を果たそうという浄土信仰です。

　全国的な浄土信仰の隆盛は、藤原頼通の平等院鳳凰堂、奥州藤原氏の中尊寺金色堂、福島の白水阿弥陀堂、京都の浄瑠璃寺、大分の富貴寺大堂などの寺院が建立されたことや、阿弥陀仏像が多く制作されたことなどから理解できます。

Q.
04

親戚の納骨で、入魂式をしました。
故人の魂はお墓にいるのですか?

この身は、いまは、としきはまりて候へば、さだめてさきだちて往生し候はんずれば、浄土にてかならずかならずまちまゐらせ候ふべし。

──『親鸞聖人御消息』

魂ってなに?

　まず魂や霊を使った熟語を見てみましょう。魂であれば、鎮魂、魂胆、招魂、闘魂、入魂、大和魂など。霊であれば、言霊、御霊、怨霊、精霊、幽霊、霊場、御霊前、精霊棚、霊安室、霊柩車などが挙げられます。

　ざっと見ても、魂も霊もどこにいるのかわかりませんね。鎮魂や招魂といった言葉からは、私たちとは違う場所にいるように思えます。魂胆や大和魂であれば、私たちの中にあってもおかしくないと思えます。これに対して、霊であれば私たちの中というよりも、私たちの外側のどこかにいるといった感じをもちますが、霊安室は「病院などで一時的に遺体を置く部屋」のことですから、霊と遺体とは同じような意味に考えられているともいえます。

　魂も霊も結局、一体どこにいるのかわからないけど、1つの場所に居続けるわけではないこと、また、意志のようなものを持っているもの、といった印象を持つのではないでしょうか。特に怨霊は私たちに良くないことを起こそうとする意志をもった存在と

して語られます。

入魂式ではなく納骨式

どこにいるかわからない。逆に考えれば、どこにでもいそうである。魂や霊はそのように考えられるのですが、その点こそが畏怖の対象であったり、敬愛の対象となったりする理由かもしれません。

そこで、「よくわからない」ということが１つ目に大事な点です。そうした「よくわからない」ものを、いくらお坊さんであっても、呼び寄せたり、お墓に入れ込む、といった作業は不可能だと、浄土真宗では考えます。

浄土真宗では、お墓に納骨するときのおつとめを「入魂式」ではなく、「納骨式（納骨法要）」などと言っています。文字通り、ご遺骨を収蔵する際につとめる儀式だからです。また、お墓を新しくお建てになったときには、「建碑式（建碑法要）」を行います。

故人に会える場所

もう１つ大事な点があります。魂や霊が「よくわからない」としても、「お墓に故人が眠っている」、「お墓に行けば故人に会える」、と思われているということです。

遺体や遺骨を媒介にして故人を偲ぶことは、文字のない時代から人間が行ってきた宗教的な行為です。仏教の開祖・お釈迦さまが荼毘に付された後、仏舎利（お釈迦さまの遺骨）を分割して相続し、仏弟子たちは大切に保管してきました。

　浄土真宗においても、親鸞聖人の廟所である大谷本廟^{おおたにほんびょう}には、現在の東山五条坂の地に定着した江戸時代以降、数多くの方が周辺にお墓を建立され、あるいは分骨（遺骨の一部を分けて納めること）されています。故人をはじめ私たちは、親鸞聖人がいらっしゃったことで、阿弥陀さまのみ教えに出遇^{であ}うことができた。このことを親鸞聖人に感謝し、親鸞聖人と同じように阿弥陀さまの浄土へと往生し、浄土で再び懐かしい方々と会えることを喜ぶ。そうした場が「大谷本廟」であることを意味しています。

遺骨を通して

　私たちは、故人にゆかりのあるものや遺体・遺骨等を通して、自分自身の人生のあり方を振り返り、自分自身に反省の心を向けることがあります。遺物（遺品・遺体・遺骨）や行事・儀礼（お葬式・法事・お墓参り）を通して、自分自身が今生きていること、死んでいく身にあることに想いを巡らせることは、私たちの人生にとって大事なことです。ぜひ、時間をみつけて、お墓参りをしていただきたいと思います。

一緒に考えてみましょう

▸A　霊や魂に対するイメージを確認してみましょう

▸B　さまざまな納骨の形態について調べてみましょう

コラム 納骨信仰

　末法思想によって、平安時代末期ころから浄土信仰が広がっていきますが［参照→コラム「日本の末法思想」］、12世紀頃から各地で生まれてきたのが、納骨信仰です。

　高野山は、中世になると、空海が高野山奥院で入定しているという伝説が広まり、数多くの方が遺骨を携えて訪れるようになったとされています。そして、奥院周辺には、兜率天などへの往生を願う人々のお墓が建てられ、後には有名な戦国武将のお墓、現代では企業墓が建てられるなどして、広く信仰を集めています。

　もう一つ代表的な所は、聖徳太子のお墓です［参照→コラム「「和国の教主」聖徳太子」］。大阪の磯長廟（現・叡福寺）には、聖徳太子が書き残したとされる「廟窟偈」が伝えられており、12世紀頃から阿弥陀さまの浄土へ往生することを願う参詣者が増えたと言われています。親鸞聖人自身が書き写された真筆の「廟窟偈」も現存しています。また、ある伝記によれば、親鸞聖人は、19歳の頃に磯長に足を運んだとも言われています。

　このように、祖師の廟所などが信仰を集め、浄土への橋渡しとしてその地に納骨することが中世に盛んとなり、現在の納骨の風習に繋がっていったと考えられています。

Q. 05 お墓に一緒に入って良い人は決まっていますか？ きょうだいで入りたいのですが。

かならずかならず一つところへまゐりあふべく候ふ。　　　──『親鸞聖人御消息』

「○○家之墓」は割と新しい

　どのお墓に入るのかを自分勝手に決められない。そうお考えなのでしょうか。答えとしては、「誰と入ってもいい」ということになりますが、問題は、「なぜきょうだいでも一緒にお墓に入れるかどうか不安に思ったか」にあると思います。

　墓地や霊園などを見ると「○○家先祖代々」と刻まれている墓標が多数であるため、１つのお墓には「○○家」の人しか入れない、というイメージを持たれているからではないでしょうか。

　実は、「○○家」というお墓が作られ始めたのは江戸時代の終わり頃で、明治時代の終わり頃に普及しはじめ、増えていったのは昭和に入ってからと言われています。今でこそ99.9％以上が火葬ですが、火葬率が50％を超えたのは昭和13年 (1938) 頃ですし、昭和45年 (1970) 頃でも５人に１人は土葬でした。近代以降、「火葬」が定着し、墓園などが整備されるにしたがい、１つの墓石の下に家族や先祖の骨壺を複数収納する「家墓」が増えていったと考えられています。墓石に「○○家之墓」「○○家先祖代々」とあるものです。お墓の歴史の上では、比較的近年になって流行した形と言えます。

誰が入ってもいい

　そもそもお墓は誰と誰が一緒でなければならない、誰と誰は一緒にはできないといった考え方をしません。裏を返せば、誰がどこのお墓に入ってもいいということになりますが、一般的には「祭祀継承者」(お墓は現金などの相続財産ではなく、祭祀財産とされ、一人が相続することになっています)からみて「6親等以内の血族、配偶者、または3親等以内の姻族」の遺骨がお墓には安置できるとされています。ご質問にある「きょうだい」は2親等ですから、祭祀継承者の許可があれば可能です。ですから、祭祀継承者(一般的には長子の方が多いかと思います)を中心に、ご家族で相談されて決められてはいかがでしょうか。

6親等の血族および3親等の姻族の親等図 (一部)

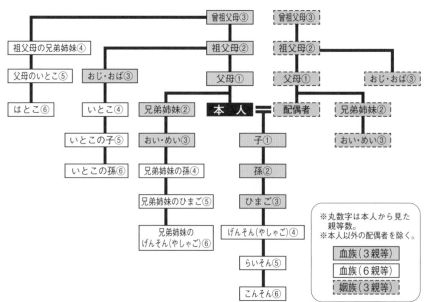

※丸数字は本人から見た親等数。
※本人以外の配偶者を除く。

血族(3親等)
血族(6親等)
姻族(3親等)

さて今回のご質問は、「一緒がいい」ということで比較的スムーズに解決できるように思います。1つ注意点があるとすれば、きょうだいの方の一方が「○○家」というお墓に入り、そこにもう一方が入るという場合、その入る方にご家族がいらっしゃり、そちらのご家族にも「○○家」のお墓がある場合には、両親族間での相談が必要となるということです。

手を合わせやすいところに

お墓や遺骨は、本人だけでなく、残された方や継承されていく方の事も考えなくてはなりません。ですから、きょうだいそれぞれのご家族や、有縁の方々がお墓参りしやすいように配慮される必要もあります。例えば、きょうだい一緒のお墓があったとしても、残された方々にとってお墓参りのために時間や労力がかかることは、避けられたほうがいいと思われます。

現在では合同墓・共同墓という形のお墓が増えていますし、墓地ではなく納骨堂を求められる方も増えているそうです。どのようなお墓に納骨したいのか。自分の思いを、関係の方や、次の世代の方に伝え、共有しておくことは必要でしょう。

一緒に考えてみましょう

▶ A お墓に関する「当たり前」について考え直してみましょう
▶ B これからのお墓のあり方を考えてみましょう

コラム 親鸞聖人も「自然葬」を希望した!?

　近年、日本では、葬儀が大きく変化し、多様化しています。この現象は儀式だけではなく、「埋葬」形態にも大きな影響を及ぼしています。

　その中でも、注目されているのが「自然葬」です。「自然葬」とは、海や山などに遺骨や遺灰を還すことで、自然の大きな循環の中に回帰する方法とされています。特に「海洋散骨」や「樹木葬」などが知られていますが、その他「宇宙葬」「バルーン葬」といったものもあります。「自然葬」は、「墓地、埋葬等に関する法律」（墓埋法）の「埋葬又は焼骨の埋蔵は、墓地以外の区域に、これを行ってはならない」との規定、および刑法の「遺骨遺棄罪」の規定によって違法行為と見なされていたのですが、現在そうしたことを強く主張されることはなくなっています。

　「石の下は冷たくていやだ」「自然に帰りたい」という思いを持つ方々は、現代人の特徴ではなく、どのような時代にあってもいらっしゃったと予想されます。現代の特徴は、お墓の問題に深く関連していることです。そして、その関連の仕方には２つあります。１つは、環境問題です。お墓、あるいは、大規模な墓地を造成することによる環境破壊が問題視されています。もう１つは、「お墓があると子どもに迷惑がかかる」「子どもがいないので、自分の代で処分したい」などという言葉に表れているような、お墓に関する負担です。これには経済的な問題だけでなく、お墓を維持管理していくための身体的な負担も含まれています。

　ところで、親鸞聖人も「自然葬」を希望したと主張されることがあります。これは、親鸞聖人の曾孫である覚如上人の『改邪

鈔』に、

　　某　親鸞　閉眼せば、賀茂河にいれて魚にあたふべし

(『註釈版聖典』937頁)

とあることが根拠とされているようです。自分が亡くなれば、遺体は賀茂川の魚に与えてくれと仰ったと伝えられていますが、ここで大事なのは、どういった文脈で述べられているかです。覚如上人は、

　　これすなはちこの肉身を軽んじて仏法の信心を本とすべきよ
　　しをあらはしましますゆゑなり

と続けられています。つまり、遺体（肉体）にこだわることの如何を親鸞聖人は問題視しており、あくまでも仏法を大事にすること、往生成仏の因である「信心」を獲得することが大切だということが述べられているのです。

　親鸞聖人が亡くなられた後、聖人を慕う人びとは、お墓を作りました。これが今の本願寺に繋がっていきます。

Q.06 私には子どもがいません。最近「墓じまい」という言葉を聞きますが、私も、親の入ったお墓を処分したいと思っています。どうすればいいですか?

われおくれば人にみちびかれ、われさきだたば人をみちびかん。生々に善友となりてたがひに仏道を修せしめ、世々に知識としてともに迷執をたたん。

―― 聖覚法印『唯信鈔』

役割が変わる

近年、お城ブームといわれる現象が巷で起きています。現存12天守のほか、「天空の城」とも呼ばれる竹田城趾なども有名です。戦災などで建物が失われた城趾も多いですが、かろうじて石垣が残っている城趾も各地にたくさんあります。

なぜお城の話を始めたかというと、実は、石垣に使われる石にも墓石が使われている場合があるのです。戦国時代や江戸時代、多くのお城が建てられましたが、一方で、破壊されたりもしました。築城の度に、当初は違う目的で切り出され使われていた石が石垣に転用されました。それらを「転用石」といいます。大量に石が必要となるための措置でもあったようですが、石臼や灯籠などのほか、墓石や五輪塔、宝篋印塔などが使われている場合もあったようです。

役割を終えた墓石は……

少子高齢化が急速に進展する中で、近年は、お墓を継承する人が

いないことや、次世代に迷惑がかかるという観点から、自分の代で
お墓の問題を解決しておこうという動きが広まってきています。

　そうした中で、「転用石」のような形は現代でも模索されていま
す。不要となった墓石を有料で引き取るところや、古い墓石を削
り直して再利用することもあれば、処分場で細かく砕かれて道路
工事用の砂利として再利用されることもあるようです。

　しかし、ここで問題となるのは、経済的側面です。墓石の大き
さや個数にもよりますが、やはり処分費用が安いとは言えないた
め、不法投棄につながった場合もあるようです。

遺骨の問題

　さて、先ほどまでは「墓石」の話です。もう１つの問題は、
「遺骨」です。

　まず、「墓じまい」される場合、ご質問者の方はお子さんがいら
っしゃらないということでしたが、やはりご親族の方にはご相談
されたほうがいいでしょう。相談もなくお墓と遺骨を処分される
ことに戸惑われる可能性がありますし、ご親族がお墓参りをされ
る可能性もあるからです。

　その上で、「親の入ったお墓」とありますが、ご家族に一基の
お墓をお持ちの場合には、ご両親以外のご先祖の遺骨も納められ
ている場合が多いでしょうから、そうしたことを確認する必要が
あります。墓石の側面や墓誌に彫られていることもあるのです
が、きちんとした記録がない場合や、戦争で亡くなられた方や、
乳児など早く亡くなられた方の場合には遺骨が入っていないとい

う場合もあります。また、一般的には三十三回忌などを節目とし
て、複数の遺骨をまとめる「合葬」をされている場合もありま
す。そうしたことは、有縁の寺院がご存じの場合がありますか
ら、相談していただきたいと思います。

　その次に、どのご遺骨をどのように扱われるのかを決められる
ことです。ご両親の遺骨だけを手元に持っておくのか。あるいは、
ご寺院、あるいは公的な場所に納めるのか。近年は自治体運営の
墓園に合同墓・合葬墓なども多くありますし、浄土真宗では、親
鸞聖人の廟所である大谷本廟へ納骨することもできます（手続き
には、所属ご寺院の署名・捺印や書類等が必要となります）。

　最後になりますが、ご両親の遺骨が納められたお墓を処分され
るということは、ご自身の死後のご遺骨をどうするか、というこ
ととも関わりますので、ゆっくりとお考えになっていただければ
と思います。

一緒に考えてみましょう

▶ A お墓に関する困り事を整理してみましょう
▶ B 「お墓を棄てる」以外の選択肢を調べてみましょう

コラム 大谷本廟

　京都・東山五条坂の地にある大谷本廟には、親鸞聖人の墓所で

ある祖壇を中心として、本願寺歴代のお墓、さらに裏手の谷には、清水寺のすぐ下のところまで大谷墓地が広がっています。

　この大谷本廟は、親鸞聖人が亡くなられて約10年後に、親鸞聖人の末娘である覚信尼公が門弟の協力を得て建立した廟堂を淵源とし、『親鸞聖人伝絵（御伝鈔）』には次のように記されています。

> 文永九年冬のころ、東山西の麓、鳥部野の北、大谷の墳墓をあらためて、おなじき麓よりなほ西、吉水の北の辺に遺骨を掘り渡して仏閣を立て、影像を安ず。

（『註釈版聖典』1060頁）

　その後、第8代蓮如上人の時代には、大谷の本願寺が破却されたため、蓮如上人は近江・北陸などを転々とされますが、晩年には山科に坊舎が整備され、大坂（石山）などを経て、第11代顕如上人の時代には京六条の地へ寺基が移されました。

　そして慶長8年（1603）、第12代准如上人の時に、現在の東山五条の地に廟堂が営まれました。

　現在、大谷本廟への納骨は、祖壇納骨、無量寿堂納骨（第一・第二）・墓地納骨の3種類があります。そのうち、親鸞聖人の墓所近くに納骨する祖壇納骨は、年間約12,000の納骨があるとされています。

　大谷本廟には、毎年春・秋の彼岸に約10数万人の方が訪れるそうです。親鸞聖人を慕う人びとが寄り集まって、広大な墓地や納骨堂が形成されてきたのが大谷本廟なのです。

　　［参照→『季刊せいてん』No.106/107　本願寺の歴史］

お墓が遠くにあってお参りできませんが、先祖の墓を移すと縁起が悪いと親戚に言われました。お墓を引っ越してはいけませんか?

『経』に「聞」といふは、衆生、仏願の生起本末を聞きて疑心あることなし、これを聞といふなり。

—— 親鸞聖人『教行信証』信巻

お墓参りしたいのに……

「なんであんな場所にお墓を建ててるんだ?」と思ったことはありませんか。例えば、山の中腹にあって、車では行けない場所にある場合もあれば、街や田園地帯の一角にある場合もありますよね。普段でも行きにくい場所にあるのに、現代では実家から離れて暮らされている方も多いですから、お墓参り自体がなかなか難しくなっていることと思います。

そうした中で、お墓の引っ越し(「改葬」)を考えられているということは、「ご先祖が寂しくしているのではないか」「掃除をしていないので申し訳ない」など、ご先祖やお墓に対する思いからではないでしょうか。

縁起が悪い?

お墓に対する思いから「改葬」を考えられているのに対して、ご親戚の方もお墓に対する思いから「縁起が悪い」とおっしゃっているのでしょう。浄土真宗の仏事や作法などに関する基本的な資

料である『考信録』(江戸時代・玄智撰)によると、中国では葬地の善悪によって子孫に禍福があると考えられており、その考えによって日本でも墓地を選ばれる場合があったそうです。同じように、ご親戚の方も場所や墓石の方角などを選んで建てているのだから、それを勝手に動かすことはよくない、とお考えなのかもしれません。

　まず大事なことは、「縁起が悪い」ということを、そもそも浄土真宗では言わない、ということです。「縁起」は、仏教の中心的な教えで、「縁」は「因縁」、「起」は「生起」のことを言います。その内、「因」は直接的な原因、「縁」は間接的な条件のことです。つまり、「縁起」とは、さまざまな事柄が、因となり、縁となりながら、幾多の関係を構築することで、あらゆる事象が生じていることをさす言葉です。私たちの世界のあり方そのものをいう言葉が「縁起」なのです。そのため、私たちにとって良いと思えることも、あるいは都合の悪いことも含めて、すべて「縁起」です。

　ですから、「改葬」したから「縁起が悪い」ということは言いません。

お墓を移すときは

　「お墓」を移されるということは、恐らくそれまでの土地、いわば「故郷」を離れるということも意味します。大変悲しいことではありますが、「お墓」は遺骨を納めるためだけにあるのではなく、「故人」「先祖」を偲ぶ場所でもあるのですから、「お墓参りをする」「お墓のお世話をする」ために行う「改葬」であれば、否定する

ことはできないでしょう。

　「改葬」には、遺骨を納める新しいお墓、もしくは納骨堂が必要となり、経済的な負担が大きくなる可能性があります。また「お墓参りしやすい」場所を探すことも必要になってきます。特にお子さんやお孫さんがいらっしゃれば、十分に相談されることをお勧めします。また、処分するお墓が寺院墓地にある場合には、それまでお墓をお世話いただいていたこともありますから、寺院にお声がけしていただきたいと思います。

一緒に考えてみましょう

▶ A 「縁起」について調べてみましょう
▶ B 「改葬」に関する注意点を確認しましょう

コラム　良し悪し

　現代といえば、科学的世界観・合理的思考が当たり前です。では、科学的世界観や合理的思考だけで人びとが行動しているかといえば、おそらくそうではありません。毎年の初詣や七五三などでは多くの方が神社に参拝され、おみくじを引かれます。毎朝のテレビ番組で流れる星座占いがなぜか気になってしまいます。結婚や葬儀など冠婚葬祭の日取りを気にしたりします。宝くじを買うと仏壇や神棚に供えてしまいます。「困った時の神頼み」では

ないですが、こうした自分自身にいい結果がもたらされるように、神仏にお願いするのは、どの時代にもある行為なのかもしれません。

　例えば、一生に一度の結婚式。それを「仏滅」でやるよりも「大安吉日」でやりたいとお思いかもしれません。しかし、「この日がいい」「この方角がいい」「良い結果が欲しい時だけ神に頼む」「悪い結果が起きたら僧侶に読経してもらう」。これは自分の都合のいいように、自分自身の欲望を中心として選択を行ったり、神仏を利用したりすることにならないでしょうか。また、星座や血液型による占いによって自分の行動を決めていくことは、自分自身の行動を縛っていくことになりますし、相手に対しては誤った先入観を持つことにもなりかねません。

　こうした「縁起の良し悪し」や「日の良し悪し」を選ぶことについて、親鸞聖人は『正像末和讃』「悲歎述懐讃」の中に次のように言われています。

　　かなしきかなや道俗の　良時・吉日えらばしめ
　　天神・地祇をあがめつつ　卜占祭祀つとめとす

（『註釈版聖典』618頁）

　ついつい何かに頼ってしまいがちな私たちですが、不確かなものを頼りとするのではなく、阿弥陀さまの教えという確かなものを頼りとすべきとされるのが親鸞聖人のみ教えです。「縁起の良し悪し」「日の良し悪し」「運勢の良し悪し」などから少し離れてみてはいかがでしょうか。

Q. 08 お寺にあるお墓を移すとき、お坊さんに離檀料を請求されました。払わなければならないのでしょうか?

弥陀の本願信ずべし　本願信ずるひとはみな

摂取不捨の利益にて　無上覚をばさとるなり ── 親鸞聖人『正像末和讃』

離 檀 料

　基本的にお墓は、ご自身やご家族所有の土地、寺院所有の土地、行政などが持っている土地、私営の墓地のどれかに建てられているはずです。まずどの土地にお墓があったとしても、お墓や遺骨を移動する際には、「埋蔵(埋葬)証明書」をもらったうえで自治体に申請し、「改葬許可証」を受け取ることが必要です [参照→『宗報』2021年2月号「考えさせられる葬儀(十二)」]。墓石の処分、遺骨の扱いなどについては、業者の方とご寺院にお尋ねになっていただければと思います。

　以上のような行政的な手続きに加えて、寺院所有の土地、行政などが持っている土地にあるお墓を移す際には、何らかの経済的負担があるかもしれません。行政などが持っている土地であれば最初に契約書等を交わすはずですので、確認いただければと思います。

　さて特に問題なのが、「離檀料」と呼ばれる寺院から請求される経済的負担です。お墓を移したり、「墓じまい」をするときに、寺院側から高額なお布施を要求されるというもので、近年トラブル

118

が増えているといわれています。独立行政法人国民生活センターのホームページにある「見守り情報」にも、「『墓を引っ越しする』と言ったら、寺から高額な費用を要求された」との相談が紹介されています。

「離檀料」って何のお金？

さてこの「離檀料」ですが、どういった理由から請求されているかがわからないのです。「お墓を移す」際に「離檀料」が請求されるということは、「お墓を移すこと」は「お墓の世話をしていただいている寺院」、あるいは「所属している寺院を離れる」(寺院の檀家ではなくなる) ことでもあるということで、それに伴うものだと予想することはできます。例えば、「お墓」を建立する際に、「お墓」を移す、処分する場合には寺院に支払いが必要であるといった契約があるならば支払いの義務は間違いなくあるのですが、そうでなければ質問にあるような「支払わなければならない」とまでは言えないでしょう。

しかし、「離檀料」という名目かどうかは別として、お墓を移すまでは寺院もお墓のお世話をしていたことは間違いないことですから、そのことに対するお礼の気持ちとして「お布施」されることをお考えになられるとよろしいかと思います。「お布施」は、「幾らでなければならない」ということはありませんから、これまで仏事の際の金額や、お墓をお世話いただいていた年数などからお考えいただければいいでしょう。

あまりにも高額な場合は？

　「離檀料」に際しての最大の問題は、トラブルの報告にもあったように「（非常に）高額」な費用が請求されているということです。残念ながら、「離檀料」に関しては各寺院が判断されているため、適正な金額がどれぐらいなのかははっきりしません。そこで、まず確認されることは、請求された「離檀料」がどのような基準から求められているのかを寺院に確認し、あまりにも高額であり納得ができない場合には、行政書士をはじめとする第三者に相談されることをお勧めします。

　お墓を移したい、移さなければならないということには、相応の思いや事情があることと思います。可能な限り、お墓を移すことがトラブルとならないよう、有縁の方々と相談しながら行われることを切に望みます。

一緒に考えてみましょう

‣ A 「改葬」に必要な手続き（契約）を確認しましょう
‣ B 「改葬」後のお墓参りなど、
　　どうしたいのか考えてみましょう

コラム 昔の人も悩んでいた!?

　「お墓を移すこと」が「離檀」と呼ばれているということに関して、江戸時代の資料を紹介してみたいと思います。

　江戸時代、本願寺が幕府に提出した資料に、『故実公儀書上（こじつこうぎかきあげ）』というものがあります。そこには、「門徒離檀改宗改葬取計方」（『真宗史料集成』第9巻728頁）と題する項目があります。概略ですが、次のようなことが記されています。

　　・離檀や改宗については、本山内の規則で決められるが、改葬
　　　は手次寺に願い出たとしても、他派であっても宗派内であっ
　　　てもこれまでに例がない。
　　・特段の理由があって改葬したいとの相談が手次寺にあった場
　　　合、手次寺の住職が納得した上で、分骨するという取り計ら
　　　いを行っても差し支えない。
　　・今後も他派の寺院との関係でそのようなことが起こる可能性
　　　もある。

　江戸時代当時、墓所を移すという問題が生じたときには、やはり宗派内であっても他派であっても、他の寺院との関係になりますので、トラブルが生じかねない状況にあり、前例もあまりなかったようです。その時には、申し出側の意向に対して、住職側が納得することが求められ、その方法として「分骨」することがあげられています。

　現在の墓地は、公営・私営の墓地や寺院墓地であったりしますが、江戸時代の場合と同じように、よく相談した上で事を進めるべきを学ぶことができます。

お墓はいらないので、遺骨をすべて 火葬場へ置いていきたいのですが、 バチがあたりますか?

煩悩、眼を障へて見たてまつらずといへども、

大悲、倦きことなくしてつねにわれを照らしたまふといへり。

―― 親鸞聖人「正信念仏偈」

なぜ「お墓はいらない」のか?

　まず「お墓がいらない」という状況を考えてみますと、これは現代においては避けられない状況です。少子高齢化が急速に進展する中で、お墓の面倒を一人ではできない。あるいは、お墓の面倒を見てくれる人が自分の死後いないといった方々は増えています。そして今後、高齢者世帯がますます増加していくと見込まれています。

　こうした事情を背景に、近年では「散骨」「自然葬」を選ばれる方もいますし、「無縁墓」だけでなく、「無縁の遺骨」も増加しています。「無縁の遺骨」とは、引き取り手のない遺骨のことです、こうした遺骨は自治体が引き取って、無縁の納骨施設に保管されたり、年限を区切って公営墓地へ納骨するなどの対応が、税金や公費でなされています。

　またかなり深刻な事態も報告されています。骨壺ごと遺棄する事件の発生(遺骨を遺棄するのは、刑法で禁じられています)や、行き場を失った遺骨が大量に届いた自治体では、その処理に困って

いうということが聞かれるようになってきています［参照→『宗報』
2020年3月号「考えさせられる葬儀（七）」］。

お墓がいらないから……

　質問では、「お墓」がいらないから遺骨もすべて火葬場に置いて
おきたいということですが、少し疑問もあります。

　お墓がいらないとしても、例えばご両親や近いご親族の遺骨な
どは、小さな骨壺に入れて自宅など身近な場所に置いておくこと
ができます。そうしたこともしたくないのでしょうか。また、お
墓がいらないならば、散骨や樹木葬、あるいは合同墓といった方
法も増えてきていますが、そうした方法も考えられないのでしょ
うか。

　また、地域性の違いもあります。東日本と西日本では骨壺の大
きさが違うことをご存じでしょうか。東日本ではすべての遺骨を
入れるのに対し、西日本では一部分だけの遺骨を骨壺に納めま
す。こうしたことも、質問の背景にあるのかもしれません。

　つまり、どういった状況での質問なのかがわからないのです
が、どういった状況であろうと、亡くなった後の遺骨はどうなっ
てもいいというお考えや、骨壺の遺棄のように単に遺骨の処理が
面倒であるといった理由からならば、強く否定したいと思いま
す。これはバチがあたるかどうか以前の問題ではないでしょう
か。死んだら終わり、処理できればそれで終わり。これでは、人
としてさまざまな苦労を重ねながら生きてこられた方に対して敬
意を欠く行為といえます。

遺骨の行き先は

　しかし、先に触れたように現代において家族や親族単位で守られてきたものが維持できなくなってきたことは認めなければなりません。そのため、家族や親族ではない別のつながり、より広い単位で考えていく必要があります。

　ですので、合同墓・共同墓や、浄土真宗本願寺派（西本願寺）の「大谷本廟」への納骨を考えられてはいかがでしょうか。質問者の方が遺骨はいらないと考えていても、ご親族の方や有縁の方の中で故人を偲ぶために、遺骨を残しておいて欲しいとお思いの方はいらっしゃるはずですし、質問者の方もまた時間が経過する中で故人のことを思いだし、お参りされ手を合わされたいと考えられるかもしれません。バチがあたるかどうかではなく、遺骨の扱いについてどんな方法があるか、ご家族、ご親族、そしてぜひ、お坊さんを交えて相談されてはいかがでしょうか。

一緒に考えてみましょう

▶A　お墓がいらない理由を整理してみましょう

▶B　お寺や公的なお墓など、
　　　「棄てる」以外の方法を調べてみましょう

コラム 社会貢献すべき！

　全国のコンビニより数が多い！

　どれほど寺院、あるいはお坊さんが日本に存在しているかを強調する時に用いられる例えです。こうした寺院やお坊さんがもっと社会で活躍・活動すべきという社会貢献を求める声は、平成23年（2011）３月11日の東日本大震災以降、大きくなっています。震災以後の宗教者、宗教団体の活動が注目されたことの他、「供養」「絆」という言葉がクローズアップされたこと、地域に根付いて活動してきた宗教がもつネットワークが注目されたことが大きいように思います。

　特に、東日本大震災後には、被災地や医療機関、福祉施設などの公共空間で「心のケア」を提供する宗教者である「臨床宗教師」の養成が東北大学ではじまり、現在では龍谷大学、高野山大学、武蔵野大学、上智大学等でも行われています。また、平成30年（2018）３月には一般社団法人日本臨床宗教師会による「認定臨床宗教師」の資格制度がはじまっています。

　これ以外にも、自殺・自死問題、貧困問題など多様な社会問題に対して、寺院・僧侶が取り組みを進めています。宗教や仏教が大きな力を発揮できるのは、本書で取り上げた質問の背景にあるような「死・死後への不安」「孤独への不安」「世代間のつながりの喪失」などの問題と考えることもできますが、さまざまな分野の人びとと協力しながら活動していく必要があるでしょう。

◆ 仏典のことば（略解説）

🪷『ダンマパダ』

423の詩句から成る短い詩集で、パーリ語で書かれた仏典で最も有名なものの一つです。「ダンマ」（法）とは真理を指し、「パダ」はことばという意味で、仏教の実践が説かれています。漢訳の「法句経」にあたります。

Chapter1-Q05 「一切の事物は我ならざるものである」（諸法非我）と明らかな知慧をもって観るときに、ひとは苦しみから遠ざかり離れる。これこそ人が清らかになる道である。

（中村元訳『ブッダの真理のことば　感興のことば』49頁）

▼「我」とは、生滅変化を離れた不滅の存在とされ、実体や本体のことです。仏教では、「我」と呼べるものが無いにもかかわらず、「我」があると思うところにこそ苦しみがあると、説かれています。

🪷『大パリニッバーナ経』

お釈迦さまは80歳になり、王舎城郊外からクシナガラ（マッラ国）に至る総延長350キロの最後の旅に出られました。その道中での説法や、涅槃前後のエピソードが説かれたパーリ語の経典です。

Chapter3-Q03 アーナンダよ。今でも、またわたしの死後にでも、誰でも自らを島とし、自らをたよりとし、他人をたよりとせず、法を島とし、法をよりどころとし、他のものをよりどころとしないでいる人々がいるならば、かれらはわが修行僧として最高の境地にあるであろう、──誰でも学ぼうと望む人々は──。

（中村元訳『ブッダ最後の旅　大パリニッバーナ経』64頁）

▼長い旅の途中、ベールヴァ村に赴いたお釈迦さまは最後の雨期の定住（雨安居）に入られました。そこでお釈迦さまはひどい病にかかります。回復後、安堵のことばを述べた阿難に対し、お釈迦さまは、自分の説いてきた教えを頼りに生きていきなさいと、お説きになりました。この教えを「自灯明・法灯明」といいます。

🪷『仏説無量寿経』

親鸞聖人が「真実の教」とされた浄土真宗の正依の経典です。阿弥陀さまが法蔵菩薩であったとき、あらゆるものを救おうと48の願いを建てられ、その願いが完成して阿弥陀という仏さまに成られたことが説かれています。

Chapter1-Q07 > 悪人は悪を行じて、苦より苦に入り、冥より冥に入る。たれかよ
く知るものぞ、独り仏の知りたまふのみ。 　　(『註釈版聖典』70頁)

▼悪事を積み重ねると、それに応じた結果がもたらされるというのが「自業自得」
の教えです。しかし、そのことすら知らないのが私たちです。そのことを知って
いるのが仏さまです。

Chapter2-Q05 > その仏国土は、自然の七宝、金・銀・瑠璃・珊瑚・琥珀・硨磲・
碼碯、合成して地とせり。 　　(『註釈版聖典』28頁)

▼経典には、阿弥陀さまの願いに応じて建立された浄土のきらびやかな荘厳が描か
れています。その大地は、金・銀・瑠璃など、さまざまな宝石が光り輝いている
と説かれています。

🪷 『仏説観無量寿経』

お釈迦さまがマガダ国の韋提希夫人に対して説かれた教説です。韋提希の
要請に応じて阿弥陀仏やその浄土をつぶさに観察する方法が説かれます
が、下品下生段や流通分では、阿弥陀仏の名号を称えること、すなわち称
名念仏が勧められています。

Chapter3-Q02 > なんぢおよび衆生、まさに心をもつぱらにし念を一処に繋けて、
西方を想ふべし。 　　(『註釈版聖典』93頁)

▼経典の正宗分(本論)は、心を凝らして浄土の相を観察する「定善」と、散乱した
心のままで修する「散善」からなります。定善十三観の初め、「日想観」に説かれ
た一節です。極楽浄土を観察するにあたって、まずは日が西方に沈む様子を心に
思い浮かべることから始めるべきことが説かれています。

🪷 『仏説阿弥陀経』

経典は、仏弟子の問いにお釈迦さまが応答する形で話が展開されますが、
本経は「無問自説の経」と呼ばれています。お釈迦さまが自発的に説法を
始められたのは、これこそがお釈迦さまが説かなければならない教えで
あったことを意味しています。非常に短い経典で、阿弥陀さまとその極楽
浄土の成り立ちや様子が簡潔に描かれるとともに、その浄土に往く方法と
して、念仏の教えを示されました。さらに、この教えが東西南北・上下の
六方の諸仏がたによって称讃され、あらゆる人びとにその教えが届けられ
ることが説かれています。

舎利弗、かの仏国土には、微風吹きて、もろもろの宝行樹および宝羅網を動かすに、微妙の音を出す。　　　　（『註釈版聖典』123 頁）

▼ 浄土にはささやかな風が吹きます。その風は、さまざまな宝から成る木々を揺らし、妙なる声を響き出していることが説かれています。

🪷 道綽禅師 『安楽集』

中国の南北朝から隋・唐時代に活躍された道綽禅師 (562-645) の著作で、『観無量寿経』の要義が示されています。仏道を聖道門と浄土門に分ける聖浄二門判を立て、称名念仏による浄土への往生を勧められました。

ただよく念を繋けて止まざれば、さだめて仏前に生ず。

（『註釈版七祖篇』189 頁）

▼ 第一大門 (宗旨不同) に引用された『観仏三昧経』の一節です。普段から仏さまを中心とした生活を送ること、一生涯相続する念仏を勧められています。

🪷 源信和尚 『往生要集』

日本で浄土教を弘められた源信和尚 (942-1017) の著作です。地獄の描写で有名ですが、その目的は、浄土に往生することを勧めることにありました。さまざまな経典・論書に裏付けられた浄土教の教えを、日本に弘めた書です。

慈眼をもつて等しく視れば怨憎会苦もなし。

（『註釈版七祖篇』868 頁）

▼ 阿弥陀さまの浄土について10の楽を挙げて、浄土を欣うべきことを勧められる大文第二 (欣求浄土) のうち、第五「快楽無退楽」に示された一節です。仏教では、私たちの世界には８つの苦があると説かれますが、その苦から解放されると、例えば、仏さまの慈しみの眼を通せば、会いたくもない人に会わなければならない苦しみもないと示されています。

🪷 親鸞聖人 『顕浄土真実教行証文類』 (教行信証)

親鸞聖人 (1173-1263) が生涯をかけて制作された浄土真宗の根本聖典です。『仏説無量寿経』の本願文・本願成就文を中心に、さまざまな仏教典籍のご文が配置され、浄土真宗のみ教えが教・行・信・証・真仏土・化身土の６巻に示されています。

つつしんで浄土真宗を案ずるに、二種の回向あり。一つには往相、

二つには還相なり。往相の回向について真実の教行信証あり。

（『註釈版聖典』135 頁）

▼「教巻」冒頭の御自釈の文です。私たちが浄土に生まれ行くありさまを「往相」といい、浄土に往生してさとりを開くと、今度は煩悩の世界に還ってきて、さまざまな姿を現して人びとを仏さまの世界に導くありさまを「還相」といいます。これら「往相」と「還相」がともに阿弥陀さまのはたらき（回向）によることが示されています。

Chapter3-Q07 『経』に「聞」といふは、衆生、仏願の生起本末を聞きて疑心あることなし、これを聞といふなり。 （『註釈版聖典』251 頁）

▼『無量寿経』本願成就文の「聞其名号」について、親鸞聖人が解釈された「信巻」のご文です。「名号を聞く」というのは、阿弥陀さまの本願のいわれ（仏願の生起本末）を疑い心なく聞くことだとされています。

🪷 親鸞聖人「正信念仏偈」

『教行信証』第２巻「行巻」の末尾にある偈文で、経典（主として『仏説無量寿経』）に依る段（依経段）と、七高僧（龍樹菩薩・天親菩薩・曇鸞大師・道綽禅師・善導大師・源信和尚・源空聖人）の教えに依る段（依釈段）で構成されています。浄土真宗のみ教えが120句のうたの中に凝縮されています。

Chapter3-Q09 煩悩、眼を障へて見たてまつらずといへども、大悲、倦きことなくしてつねにわれを照らしたまふといへり。 （『註釈版聖典』207 頁）

▼源信和尚をたたえられた８句のうちの２句「煩悩障眼雖不見 大悲無倦常照我」を書き下したものです。私たちは煩悩にまみれて、本当の私たちのあり方も知らないありさまである。そのような私たちであっても、仏さまは慈しみの心をもって私たちを常に見まもっていてくださることがたたえられています。

🪷 親鸞聖人『浄土和讃』

親鸞聖人が76歳頃に制作された今様形式のうたです。曇鸞大師の『讃阿弥陀仏偈』に基づく和讃に始まり、「浄土三部経」（『仏説無量寿経』『仏説観無量寿経』『仏説阿弥陀経』）などの意によって、阿弥陀さまやその浄土の徳が讃嘆されています。

Chapter2-Q08 観音・勢至もろともに　慈光世界を照曜し　有縁を度してしばらくも　休息あることなかりけり 　（第19首、『註釈版聖典』559 頁）

▼讃弥陀偈讃の一首です。観音菩薩と勢至菩薩は、阿弥陀さまの左右にあって、智

慧と慈悲の光明によって世界を照らし、出遇った人びとを休まず救うことをたたえ、併せて浄土の菩薩も観音・勢至のようにはたらくことを詠まれています。

🪷 親鸞聖人『高僧和讃』

親鸞聖人が76歳頃に制作された今様形式のうたです。浄土真宗の七高僧の生涯やみ教えを讃えるご和讃がまとめられています。

> **Chapter2-Q02** 弥陀の名号称するに　行住座臥もえらばれず　時処諸縁もさはりなし
> 　　　　　　　　　　　　　　　　　　　（第94首、『註釈版聖典』594頁）

▼ 源信和尚のみ教えをたたえるご和讃です。阿弥陀さまの名号は、歩いていても立っていても座っていても伏していても、いつでも称えることができ、時も場所もどんな条件もえらばず、誰でも称えることができる。この念仏のすばらしさをたたえられています。

🪷 親鸞聖人『正像末和讃』

親鸞聖人が86歳頃以降に制作された今様形式のうたです。仏教の時代観に基づいて、阿弥陀さまの教えが正法・像法・末法のすべての時代に通じることがうたわれています。

なお、『浄土和讃』『高僧和讃』『正像末和讃』の3つをあわせて『三帖和讃』といい、「和語の教行信証」ともいわれています。

> **Chapter2-Q04** 弥陀大悲の誓願を　ふかく信ぜんひとはみな　ねてもさめてもへだてなく　南無阿弥陀仏をとなふべし　（第54首、『註釈版聖典』609頁）

▼ 阿弥陀さまの「必ずみなを救おう」という本願を聞いて信じる者は、そのご恩に感謝し、時間も場所もえらばず、念仏すべきことが勧められています。

> **Chapter3-Q08** 弥陀の本願信ずべし　本願信ずるひとはみな　摂取不捨の利益にて　無上覚をばさとるなり　（第1首、『註釈版聖典』600頁）

▼ 康元2（1256）年2月9日の夜明け前に親鸞聖人が夢の中のお告げを受けて感得された内容を書き留められた和讃（夢告讃）です。「無上覚」とは、この上ないさとり、最高のさとりのことです。阿弥陀さまの、「だれひとり救いの網から漏らさない」という願いのはたらきによって、現生には必ずさとりを開く身とさせていただき、後生には浄土に往生してさとりを開くという、大きな利益を受けることが示されています。

🪷 『親鸞聖人御消息』

親鸞聖人が、晩年、関東の門弟に宛てたお手紙43通を集成したものです。親鸞聖人と門弟とのやりとりのなかに、浄土真宗のみ教えが端的に表現されています。

> Chapter1-Q04 ▸ 天地におはしますよろづの神は、かげのかたちに添へるがごとくして、まもらせたまふ　　　　　（第27通、『註釈版聖典』786頁）

▼「念仏の人々御中へ」送られたお手紙で、諸神を軽視することを理由に念仏者を弾圧する者に対する接し方について説かれる中の一節です。仏教では、神々を「天」と位置づけ、天は仏法を守護する存在と位置づけられています。

> Chapter3-Q04 ▸ この身は、いまは、としきはまりて候へば、さだめてさきだちて往生し候はんずれば、浄土にてかならずかならずまちまゐらせ候ふべし。　　　　　（第26通、『註釈版聖典』785頁）

▼関東の有阿弥陀仏に宛てたお手紙（『末灯鈔』第12通）の末尾に示された一節です。老齢となった親鸞聖人は、先に浄土に往生することになるだろうが、浄土であなたのことを待っています、また会いましょうと、弟子のお一人に語りかけています。

> Chapter3-Q05 ▸ かならずかならず一つところへまゐりあふべく候ふ。　　　　　（第15通、『註釈版聖典』770頁）

▼親鸞聖人の真筆（高田派専修寺蔵）として現存する正元元年（1259）聖人87歳のときのお手紙の一節で、聖人が自分より先に往生した「かくねむばう」（覚念房か）を偲んで記されています。「一つところ」とは、阿弥陀さまの浄土のことです。死んだら別々の所に行くのではなく、浄土に参り、必ず会わせていただこうという聖人のお心が示されています。

🪷 『歎異抄』

親鸞聖人の直弟子・河和田の唯円の作と考えられています。親鸞聖人と唯円らとの日常の会話の中に、浄土真宗のみ教えが豊かに展開されています。

> Chapter2-Q03 ▸ しかれば、本願を信ぜんには、他の善も要にあらず、念仏にまさるべき善なきゆゑに。　　　　　（『註釈版聖典』832頁）

▼第1条の一節です。親鸞聖人は、阿弥陀さまが成就された本願の名号には、この上ない功徳がそなわると仰っています。そのため、もはや他の善根功徳は必要としないと言われています。

🪷 聖覚法印 『唯信鈔』

法然聖人の門下で親鸞聖人とともに学ばれ、「濁世の富楼那」ともいわれた唱導師・聖覚法印(1167-1235)の著作で、『選択集』に示された法然聖人の念仏の教えの要義が、わかりやすく説かれています。親鸞聖人は何度も書き写して門弟に与え、拝読することを勧められました。

Chapter 3-Q 06 ▷ われおくれば人にみちびかれ、われさきだたば人をみちびかん。生々に善友となりてたがひに仏道を修せしめ、世々に知識としてともに迷執をたたん。

(『註釈版聖典』1356頁)

▼『唯信鈔』の末尾の文です。連続無窮のつながりの中で、ともに浄土に生まれたいと願う聖覚法印の思いが述べられています。

🪷 存覚上人 『至道鈔』

本願寺第3代覚如上人(1270-1351)の子・存覚上人(1290-1373)の著作です。仏事を修することや道場を構えて念仏することについて、経典などに基づいてまとめられています。

Chapter 2-Q 07 ▷ 穢土をもて浄土に准じ、私宅をもて道場に擬して、本尊を安ずる浄場とし、念仏をつとむる会座とするなり。

(『浄土真宗聖典全書』第4巻1362頁)

▼仏教では、仏道修行をするところを道場といいます。念仏者は、道場を構えて本尊を安置し、そこに集まって念仏することを勧められています。私たちが住む世界は「穢土」と言われますが、浄土の道場になぞらえて、仏法に親しむ場とすべきことが示されています。

🪷 蓮如上人 『正信偈大意』

本願寺第8代蓮如上人(1415-1499)の著作です。親鸞聖人の「正信念仏偈」の各句の内容について、存覚上人の『六要鈔』の註釈を承けて、平易に解説された書物です。

Chapter 1-Q 08 ▷ 弥陀の浄土にいたりなば、娑婆にもまたたちかへり、神通自在をもつて、こころにまかせて、衆生をも利益せしむべきものなり。

(『註釈版聖典』1031頁)

▼親鸞聖人の「正信念仏偈」のうち、天親菩薩をたたえられた「遊煩悩林現神通 入生死園示応化」の2句について、蓮如上人が註釈されたご文です。浄土に往生してさとりを開かれた方は、今度はこの世界に還りきて、あらゆる人びとを仏さまの

世界に導くはたらきをされることが述べられています。

🪷 蓮如上人『御文章』

本願寺第8代蓮如上人が、折りに触れて各地の門弟に宛てて記されたお手紙です。その多くは、浄土真宗のみ教えが明快に説かれており、後に5帖80通が選定されて「五帖御文章」としてまとめられています。

Chapter3-Q01 > さてしもあるべきことならねばとて、野外におくりて夜半の煙となしはてぬれば、ただ白骨のみぞのこれり。あはれといふもなかなかおろかなり。　　　　　　　　　　（『註釈版聖典』1204頁）

▼ 5帖目第16通「白骨章」と呼ばれる一通です（年紀未詳）。誰が先になくなり、いつ亡くなるのかもわからない私たちの世界を、蓮如上人は「無常」と示されます。

🪷 『蓮如上人御一期記』

蓮如上人の第23子・実悟（1492-1583）が制作した、蓮如上人の言行録です。宿老や兄弟から聞いた蓮如上人の言行を収集したもので、蓮如上人の葬儀の様子も詳しく記録されています。

Chapter2-Q06 > 跡を弔といひて位牌・率都婆をたつるは輪廻する者のする事也とぞ仰せられける　　　（第88条、『浄土真宗聖典全書』第5巻869頁）

▼ 法然聖人のことばを伝える一節です。菩提所を作ることが目的となってはならず、念仏することが自分の跡を弔うことなることが述べられた後、弔いのために位牌や卒塔婆を作ることも否定的に捉えられています。

★本書で使用した仏典

上記以外で、本文などで引用した仏典に、次のようなものがあります。

＊ サンユッタ・ニカーヤ（相応部経典）
　お釈迦さまの教えがテーマ別に編まれたパーリ語の聖典です。

＊ 善導大師『観経疏』
　諸師の『観無量寿経』理解をただし、同経の真意を明らかにされた書です。「玄義分」「序分義」「定善義」「散善義」の4巻からなります。

＊『恵信尼消息』
　親鸞聖人の妻・恵信尼公が、末娘の覚信尼公に送った8通のお手紙です。親鸞聖人の往生や、比叡山時代・法然聖人門下時代の記述などがあります。

◆ 参考文献 ━━━━━━━━━━━━━━━━━━━

　本書の執筆にあたって参照した書籍等は、専門的なもの（学術書・専門書）から、僧侶向けのもの（規範・解説書）、一般向けのもの（仏教や浄土真宗の入門書）、新書までさまざまなものがあります。いくつかのトピックに分けた上で、紹介します。

▼ 浄土真宗の葬儀・法事・仏事 ------------------------------------

浄土真宗の葬儀は、「葬儀規範」に則って行われます。僧侶が参照すべきもののほか、葬儀や仏事についてわかりやすく紹介されている本もあります。

・『浄土真宗本願寺派　葬儀規範』
　　　　　　　　　（浄土真宗本願寺派勤式指導所 編、本願寺出版社、2009年）
・『『浄土真宗本願寺派　葬儀規範』解説―浄土真宗の葬送儀礼―』
　（教学伝道研究センター本願寺仏教音楽・儀礼研究所 編、本願寺出版社、2010年）
・『浄土真宗　必携　～み教えと歩む～』第2版
　　　　　　　　　　　　（浄土真宗必携編集委員会 編、本願寺出版社、2012年）
・『蓮如上人五百回遠忌法要記念出版 真宗儀礼の今昔』
　　　　　　（浄土真宗教学研究所儀礼論研究特設部会 編、永田文昌堂、2001年）
・『真宗儀礼百華』第1～3巻
　（浄土真宗本願寺派総合研究所 仏教音楽・儀礼研究室 編、本願寺出版社、2016年）
・末本弘然『浄土真宗　新・仏事のイロハ』（本願寺出版社、2012年）
・岡崎諒観『浄土真宗本願寺派　葬儀についての一考察』（永田文昌堂、1984年）
・北塔光昇『仏教・真宗と直葬―葬送の歴史と今後―』（自照社出版、2013年）
・普賢保之「浄土真宗における年回法要の意義について」（教学研究所ブックレット
　No.3『真宗における伝道』第2章、本願寺出版社、2001年）
・浄土真宗本願寺派総合研究所ブックレットNo.22 教学シンポジウム記録・親鸞聖
　人の世界（第5回）『現代における宗教の役割―葬儀の向こうにあるもの―』
　　　　　　　　　　　　　　　　　　　　　　　　（本願寺出版社、2012年）
・浄土真宗本願寺派『ご縁～結ぶ絆から、広がるご縁へ～』Vol.4「いのちと死をみ
　つめて」（浄土真宗本願寺派総合研究所・重点プロジェクト推進室 編、2015年）
・ブックレット基幹運動No.4『法名・過去帳』
　　　　　　　　　　　　　　　（基幹運動本部事務局 編、本願寺出版社、1997年）
・ブックレット基幹運動No.11『真宗の葬儀』
　　　　　　　　　　　　　　　（基幹運動本部事務局 編、本願寺出版社、2000年）
・仏事奨励リーフレット「また　あえる世界」（浄土真宗本願寺派）

※浄土真宗本願寺派（西本願寺）ホームページにて確認・ダウンロードできます。
・浄土真宗本願寺派　リーフレット「お仏壇を伝える　こころを伝える」
　※浄土真宗本願寺派（西本願寺）ホームページにて確認・ダウンロードできます。

▼ 浄土真宗のみ教え・歴史 --

浄土真宗の葬送儀礼は、浄土真宗のみ教えに基づいて行われます。なかなか難しい内容のものもあるかと思いますが、易しい内容の本も刊行されています。

・大谷光淳『令和版　仏の教え―阿弥陀さまにおまかせして生きる』(幻冬舎、2020年)
・『13歳からの仏教―一番わかりやすい浄土真宗入門―』
　　　　　　　　　　　　　　　　　　(龍谷総合学園 編、本願寺出版社、2013年)
・小池秀章『高校生からの仏教入門―釈尊から親鸞聖人へ―』
　　　　　　　　　　　　　　　　　　　　　　　　(本願寺出版社、2009年)
・『65歳からの仏教―おとなのための浄土真宗入門』(本願寺出版社、2014年)
・森田真円・釈徹宗『浄土真宗はじめの一歩』(本願寺出版社、2012年)
・黒田覚忍『はじめて学ぶ七高僧―親鸞聖人と七高僧の教え―』
　　　　　　　　　　　　　　　　　　　　　　　　(本願寺出版社、2004年)
・『釈尊と親鸞―インドから日本への軌跡―』
　　　　　　　　　　　　　　　　　　(龍谷ミュージアム 編、法蔵館、2011年)
・『浄土三部経と七祖の教え』(勧学寮 編、本願寺出版社、2008年)
・『親鸞聖人の教え』(勧学寮 編、本願寺出版社、2017年)
・千葉乗隆・徳永道雄『親鸞聖人―その教えと生涯に学ぶ』(本願寺出版社、2009年)
・岡村喜史『日本史のなかの親鸞聖人―歴史と信仰のはざまで―』
　　　　　　　　　　　　　　　　　　　　　　　　(本願寺出版社、2018年)
・『増補改訂　本願寺史』第１～３巻
　　　　　　　　　(本願寺史料研究所 編纂、本願寺出版社、2010・2015・2019年)

▼ 仏教の教え、釈尊の教え --

仏教式の葬儀は、釈尊の教えや実際の葬儀に由来するものも多くあります。

・中村元訳『ブッダ神々との対話―サンユッタ・ニカーヤⅠ』(岩波文庫、1986年)
・中村元訳『ブッダのことば―スッタニパータ』(岩波文庫、1984年改訳)
・末木文美士『仏典をよむ―死からはじまる仏教史』(新潮社、2009年)
・『釈尊の教えとその展開 インド篇』(勧学寮 編、本願寺出版社、2008年)
・『釈尊の教えとその展開 中国・日本篇』(勧学寮 編、本願寺出版社、2009年)
・龍谷ミュージアム2017年度秋期特別展図録『地獄絵ワンダーランド』

（三井記念美術館・龍谷大学龍谷ミュージアム・NHKプロモーション 編、NHKプロモーション、2017年）

▼ 死と葬儀について ------------------------------------

人間の死の意味や葬儀については、現在、さまざまな分野で研究・提言されています。民俗学・歴史学・宗教学・仏教学・仏教史学・社会学・経済学など、各分野のエキスパートたちがいろんな角度から分析されています。

- 小谷みどり『〈ひとり死〉時代のお葬式とお墓』（岩波新書、2017年）
- 松尾剛次『葬式仏教の誕生　中世の宗教革命』（平凡社新書、2011年）
- 『冠婚葬祭の歴史―人生儀礼はどう営まれてきたのか』
  （互助会保証株式会社・一般社団法人全日本冠婚葬祭互助協会 編、水曜社、2014年）
- 碑文谷創『葬儀概論』（表現文化社、2011年 増補3訂）
- ジャンケレヴィッチ著・仲澤紀雄訳『死』（みすず書房、1978年）
- 蒲池勢至『真宗民俗史論』（法蔵館、2013年）
- 新谷尚紀『葬式は誰がするのか　葬儀の変遷史』（吉川弘文館、2015年）
- 勝田至 編『日本葬制史』（吉川弘文館、2012年）
- 水藤真『中世の葬送・墓制―石塔を造立すること』（吉川弘文館、1991年）

▼ 仏教各派の仏事や葬儀について ------------------------------------

仏事や葬儀における作法は宗派によって異なるものがあります。下記の書籍などが参考になります。

- 前田壽雄『仏事Ｑ＆Ａ　浄土真宗本願寺派』（国書刊行会、2014年）
- 曹洞宗総合研究センター『仏事Ｑ＆Ａ　曹洞宗』（国書刊行会、2015年）
- 日蓮宗現代宗教研究所『仏事Ｑ＆Ａ　日蓮宗』（国書刊行会、2015年）
- 浄土宗総合研究所『仏事Ｑ＆Ａ　浄土宗』（国書刊行会、2015年）

▼ お墓・納骨について ------------------------------------

近年、民俗学などによる研究がめざましい発展を遂げています。新書から専門書まで多く出版されています。

- 岩田重則『「お墓」の誕生―死者祭祀の民俗誌』（岩波新書、2006年）
- 森謙二『墓と葬送の社会史』（吉川弘文館、2014年）
- 小谷みどり『だれがお墓を守るのか―多死・人口減少社会のなかで』
  （岩波ブックレットNo.935、2015年）

・吉川美津子『お墓の大問題』(小学館新書269、2016年)
・『葬儀と墓の現在―民俗の変容』(国立歴史民俗博物館 編、吉川弘文館、2002年)
・『盆行事と葬送墓制』(関沢まゆみ・国立歴史民俗博物館 編、吉川弘文館、2015年)
・鈴木岩弓・森謙二 編『現代日本の葬送と墓制―イエ亡き時代の死者のゆくえ』
　　　　　　　　　　　　　　　　　　　　　　　　　(吉川弘文館、2018年)
・関沢まゆみ 編『民俗学が読み解く葬儀と墓の変化』(国立歴史民俗博物館叢書２、
　朝倉書店、2017年)
・槇村久子『お墓の社会学―社会が変わるとお墓も変わる―』(晃洋書房、2013年)

▼ 浄土真宗本願寺派総合研究所では、
　研究の成果を『宗報』などに報告しています。 ┄┄┄┄┄┄┄┄┄┄┄┄┄┄┄┄

各記事は、総合研究所ホームページ(http://j-soken.jp)にてご覧いただけます。

・【シリーズ】「考えさせられる」葬儀　2020年度現在、(一)～(十三)まで
　　　　　　　『宗報』2018年５月号～2021年３月号
・【シリーズ】葬送儀礼の現状を考える　全８回
　　　　　　　『宗報』2014年11・12月号～2016年５月号
・【シリーズ】葬送儀礼の問題を考える　全６回
　　　　　　　『宗報』2010年８月号～2013年３月号
・【シリーズ】ニューズレター「仏教儀礼」「仏教音楽」
　　　　　　　2006年１月「創刊号」～2013年３月「第15号」
・【シリーズ】リーフレット
　　「シリーズ大遠忌Ⅰ～Ⅳ」「除夜会　元旦会」「永代経」「お彼岸」「お盆」「報恩講」
・「葬儀は、人間が人間であることの証し」(『宗報』2010年６月号)
・「葬送儀礼における宗教性について(前編・後編)」(『宗報』2019年８月号、９月号)
・「法名とは」(『本願寺新報』2013年３月１日号)
・『浄土真宗総合研究』第８号《特集　浄土真宗における葬儀》
　　　　　　　　　　　　　(浄土真宗本願寺派総合研究所、2014年３月)
　　　　佐々木恵精「欧米における浄土真宗の葬儀事情 ―葬儀の意義を求めて―」
　　　　満井　秀城「浄土真宗としての「葬儀」の意味」
　　　　菊川　一道「「葬儀不要論」の研究 ―戦後から近年までの変遷をめぐって―」
　　　　丘山　　新「[報告] なぜ今、葬儀研究プロジェクトなのか」

● 私の相談ノート

記入日：　　　年　　　月　　　日

ふりがな		生年	T・S・H・R　　　年　　　月　　　日
氏名		月日	西暦　　　　　年　　（年齢　　　歳）
住所	〒（　　　　　）　　　都・道 　　　　　　　　　　　府・県　　　　　市・区 　　　　　　　　　　　　　　　　　町・村 　　　　　　　　　　　　　　　　　　　（☎　　　　　）		

・ご家族やお寺のお坊さんと相談してみましょう　　　　　年　　　月　　　日

→ 相談した方のお名前：＿＿＿＿＿＿＿＿＿＿＿＿＿＿

1 本籍

□上記住所と同じ　　　□上記住所とは異なる（以下に記述）

本籍	〒（　　　　　）　　　都・道 　　　　　　　　　　　府・県　　　　　市・区 　　　　　　　　　　　　　　　　　町・村 　　　　　　　　　　　　　　　　　　（☎　　　　　）
筆頭者	（続柄：　　　　）

2 緊急連絡先

ふりがな	①	②	③
氏名 （名称）			
住所	（☎　　　　　）	（☎　　　　　）	（☎　　　　　）
関係			

3 所属のお寺、コミュニティー、グループ、支援事業所等

名称	①	②	③
所在地	（☎　　　　　）	（☎　　　　　）	（☎　　　　　）

4 かかりつけ医師やアレルギー等

医療機関	①	②	③
所在地	（☎　　　　　）	（☎　　　　　）	（☎　　　　　）
病名 処方薬			
薬 アレルギー	※服用してはいけない薬、たべてはいけない食品、アレルギーなど		

5 リビングウィル（延命措置の可否）・臓器提供についての意思

── リビングウィルについての意思を記した書類等はありますか？

　　□ある　→名　　称（　　　　　　　　　　　　　　　）　　　　□ない
　　　　　　　保管場所（　　　　　　　　　　　　　　　）

── 臓器提供に関する意思を記した書類等はありますか？

　　□ある　→名　　称（　　　　　　　　　　　　　　　）　　　　□ない
　　　　　　　保管場所（　　　　　　　　　　　　　　　）

※拡大コピーしてお使いください。

6 エンディングノート

—— エンディングノートは作成していますか？

☐はい　→名　称（　　　　　　　　　　　　　　　　　　　）　　　☐いいえ
　　　　　保管場所（　　　　　　　　　　　　　　　　　　　）

7 遺言書の保管場所と、その場所を開示する対象者の指定

遺言書の種類	☐公正証書遺言	☐自筆遺言	☐その他（　　　　　　　）
保管場所	名称 住所		（☎　　　　　）
対象者	①	②	③
住所等	（☎　　　　　）	（☎　　　　　）	（☎　　　　　）
関係			

8 葬儀に関する悩み

—— 葬儀はどこで行いたいですか？

☐自宅　　☐お寺　　☐会館　→名　称（　　　　　　　　　　　　　　　）
　　　　　　　　　　　　　　　所在地（　　　　　　　　　　　　　　　）
☐決まっていない
☐その他（　　　　　　　　　　　　　　　　　　　　　　　　　　）

—— 葬儀に際して必ず連絡して欲しい人はいますか？

☐いる（　　　　　　　　　　　　　　）　　☐いない

—— どのような法名をつけたいですか？

☐既に持っている　　　☐お坊さんに任せる　　　☐自分で考えたい

—— 葬儀後にどのような不安がありますか？

☐お墓　　☐仏壇　　☐法事　　☐財産(家など)　　☐その他（　　　　）

—— 葬儀後の遺品整理はどうしますか？

☐生前契約している　　　　　　　　　☐相続者(子どもなど)に任せる
　→名　称（　　　　　　　　　）　　　→任せる方（　　　　　　　　　）
　　所在地（　　　　　　　　　）

9 お墓に関する悩み

—— お墓または納骨堂はありますか？

☐お墓がある　　→名称・所在地（　　　　　　　　　　　　　　　　）
☐納骨堂がある　→名称・所在地（　　　　　　　　　　　　　　　　）
☐ない　　　　　→どのような納骨先をご希望ですか？
　　　　　　　　☐家族墓　　☐個別墓　　☐共同墓　　☐納骨堂
　　　　　　　　☐その他（　　　　　　　　　　　　　　　　　　）
☐特に希望はない

—— お墓の管理はどのようにしていきたいですか？

☐子ども(孫)に任せる　　☐寺院などに任せる　　☐その他（　　　）

10 自由記述

（

おわりに

岡崎秀麿

『子どもの難問』（野矢茂樹編、中央公論新社、2013）という本があります。この本には、「勉強しなくちゃいけないの？」「友だちって、いなくちゃいけないもの？」など22の質問（難問）がだされています。この本を読みながら気づいた点が２つあります。

１つは、「絶対に正しい答えが存在しない問いがある」ということです。「なぜ勉強しなければいけないのか？」に対して、「いい仕事に就くため」「義務教育だから」などさまざまな答えがあり得ますが、どの答えにも「正しい」ときもあれば「間違い」のときもあるように思います。

もう１つは、「問いを生み続ける問いがある」ということです。「なぜ勉強しなければならないのか？」に対して、「いい仕事に就くため」と答えたとしても、「いい仕事に就くことがなぜいいことなのか？」「自分にとっていい仕事ってなに？」と問いを続けていくことができます。

このような特徴を持つ問いは、「当たり前を問い直す」ときに生じるものではないでしょうか。そもそも「当たり前」には、「問い」を受け付けないところがあります。だからこそ「当たり前を問い直す」ことは難しいのですが、問いに向き合い続ければ「当

たり前」の裏側が徐々にすがたをあらわすように思います。

　本書執筆の動機は、一般の人びとがもった「当たり前への問い」に執筆者自身も同じように向き合おうとしたことです。本書が示した答えが不十分であることは間違いないですが、本書が「当たり前」に向き合い、「当たり前」がもつ豊かさに気づいていく一助となればと考えています。

　さて、本書を執筆する最中、「新型コロナウイルス感染症」が世界中で猛威を振るい続けていました。新型コロナウイルス感染症拡大防止のため、「移動の制限」をはじめとする対策が設けられたことで、私たちの生活は大きく変化せざるをえなくなりました。例えば、感染リスクを避けるために「人が集まる」ことを控えることが推奨されており、仏事への影響も見過ごせません。本書の中では葬儀や法事において家族や有縁の方々が「集まる」ことの意義を指摘していますので、現状を踏まえ「新型コロナウイルス感染症が拡大する今、どう考えていくか」についての記載が必要であったと思います。しかし、新型コロナウイルス感染症の影響やその対策について十分に指摘できるほど調査・研究が進んでいないことから本書では、その問題に触れることはしていません。この点については、浄土真宗本願寺派総合研究所において継続的に研究していきたいと考えています。

岡崎 秀麿 (おかざき・ひでまろ)

1979年生まれ。浄土真宗本願寺派総合研究所上級研究員、龍谷大学非常勤講師、大阪大谷大学非常勤講師など。山口県宇部市・正圓寺衆徒。博士(文学)。専門は、真宗学(助正論)、中国浄土教、生命倫理。2013年より葬送儀礼の基礎研究に携わる。

【論文】「「仏教の社会的実践を問う」という試み」(『浄土真宗総合研究』第13号、2020年)ほか。

冨島 信海 (とみしま・のぶみ)

1985年生まれ。浄土真宗本願寺派総合研究所研究員、龍谷大学非常勤講師など。広島県安芸高田市・長圓寺住職。博士(文学)。専門は、真宗学(『教行信証』)、書誌学。2015年より葬送儀礼の基礎研究に携わる。

【論文】「本願寺の系譜―歴代宗主の事績と聖教―」(『浄土真宗総合研究』第10号、2016年)ほか。

ねぇ、お坊さん教えてよ

死んだらどうなるの?

2021 (令和3) 年11月15日　第一刷発行
2023 (令和5) 年12月15日　第三刷発行

著　　者　岡崎 秀麿、冨島 信海 (浄土真宗本願寺派総合研究所)

装丁・扉
本文デザイン　村田 沙奈 (株式会社ワード)

発　　行　本願寺出版社

　　　　　〒600-8501　京都市下京区堀川通花屋町下ル
　　　　　浄土真宗本願寺派(西本願寺)
　　　　　TEL 075-371-4171　FAX 075-341-7753
　　　　　https://hongwanji-shuppan.com/

印　　刷　中村印刷株式会社

ISBN978-4-86696-027-2 C0015　　　　　MN03-SH3- ① 21-32